Für meinen Sohn Burkhard.

ΠΛΟΥΤΑΡΧΟΣ

ΠΟΛΙΤΙΚΑ ΠΑΡΑΓΓΕΛΜΑΤΑ

PLUTARCH

POLITISCHE RATSCHLÄGE

Leitfaden für angehende Politiker
mit Beispielen aus der antiken Geschichte

Vollständig übertragen, eingeleitet und mit Anmerkungen versehen
von Dietmar Hinz

Bibliografische Information der Deutschen Nationalbibliothek:
Die Deutsche Nationalbibliothek verzeichnet diese Publikation in der
Deutschen Nationalbibliografie; detaillierte bibliografische Daten sind
im Internet über http://dnb.dnb.de abrufbar.

© 2017 Dietmar Hinz

Herstellung und Verlag: BoD – Books on Demand, Norderstedt

ISBN: 978-3-7431-1151-6

EINLEITUNG

„Mir ekelt vor diesem tintenklecksenden Säkulum, wenn ich in meinem Plutarch lese von großen Menschen."

Dieser berühmte Ausruf des Karl Moor in Schillers Drama „Die Räuber" zeigt uns, zu welch großer Bekanntheit der griechische Schriftsteller Plutarch es von seiner Wiederentdeckung im 15. Jahrhundert bis zu Schillers Zeiten gebracht hatte. Auch heute noch ist sein Ruhm als Biograf nicht vergessen.

Aber Schiller spricht hier nur den Teil der Schriftstellerei Plutarchs an, der uns mit seinen „Parallelbiografien" berühmter Griechen und Römer überliefert ist.

Es gibt jedoch neben dem Biografen auch den philosophischen und populärwissenschaftlichen Schriftsteller Plutarch, den Verfasser der „Moralia". In diesen unter Plutarchs Namen überlieferten 78 Abhandlungen - von denen 67 als echt gelten - werden außer ethischen und politischen auch naturwissenschaftliche, literarische und kulturhistorische Themen in Form von Dialogen, Vorträgen oder Brieftraktaten unterhaltsam behandelt. Trotzdem bekamen alle diese Schriften die nicht ganz zutreffende Bezeichnung „Moralische Schriften" oder kurz „Moralia".

Zuerst waren es sogar diese „moralischen Schriften", die auf die Humanisten, z.B. auf Erasmus von Rotterdam und G. Budaeus - seine ersten Übersetzer ins Lateinische - den größeren Eindruck machten. Aber bis ins 18. Jahrhundert, in dem die Parallelbiographien auf das größere Interesse stießen, blieben sie doch immerfort beliebt und wirkten anregend auf viele Denker, Dichter und Künstler. Einen Montaigne z. B. hatten sie bald nach ihrem Erscheinen in der französischen Übersetzung von J. Amyot zum Erschaffen seiner Essays inspiriert, und noch einem Goethe entlockten die kleinen Schriften Plutarchs in einem Brief an F. A. Wolf, der ihm seinen Plutarch ausgeliehen hatte, folgendes Lob:

„Sie unterhielten uns mehrere Wochen fast ganz allein, und ich habe mich so darein verliebt, dass Sie diese Übersetzung wohl schwerlich wiedersehen werden."

Die hier vorgelegte Schrift erörtert Politisches. Die „Politika Parangelmata" sind nichts Anderes als „politische Ratschläge", die Plutarch einem jungen Mann erteilt, der sich der Politik widmen möchte. Zu diesem Thema konnte Plutarch nun nicht nur vermöge seiner immensen Belesenheit mit politischen Lehren und den dazu passenden historischen und literarischen Beispielen aufwarten. Er konnte auch aus eigenen praktischen politischen und diplomatischen Erfahrungen schöpfen. Er war zudem ein Schriftsteller, der nach allem, was wir über seinen Lebenslauf wissen, seine Anschauungen, Ratschläge und wohl alles, was er publizierte, nicht nur im stillen Kämmerlein, sondern stets auch im lebendigen philosophischen Gespräch mit Mitbürgern, Freunden und Besuchern aus aller Welt entwickelt und geprüft hat.

Plutarch wurde um das Jahr 45 n. Chr., also zur Zeit des Kaisers Claudius, geboren und starb bald nach 120 n. Chr. in der Regierungszeit des Kaisers Hadrian. Er erlebte somit eine Zeit, in der das Römerreich nicht nur seine größte territoriale Ausdehnung, sondern auch eine außerordentliche kulturelle Blüte erlangte, und in der gerade auch die griechischen Provinzen bewusste kaiserliche Förderung und kulturelle Anerkennung erfuhren. Plutarch wurde einer der produktivsten und einflussreichsten griechischen Autoren der späten und ausgehenden Antike. Im byzantinischen Reich wurden seine Werke weiterhin geschätzt und tradiert.

Als Sprössling einer alteingesessenen Grundbesitzerfamilie in der kleinen böotischen Stadt Chaironeia, die seit 200 Jahren zur römischen Provinz Achaia gehörte, wuchs Plutarch mit seinen Brüdern Lamprias und Timon auf und genoss ein intensives und geistig anregendes Familienleben. Er selber berichtet, dass ihn besonders der Großvater Lamprias durch die Vielseitigkeit seiner Interessen, durch Geisteskraft, Humor und Trinkfestigkeit beeindruckt habe,

Eigenschaften, die ihn zum geachteten Mittelpunkt eines Kreises aus Verwandten, Freunden und Mitbürgern machten. Der Vater Aristoboulos war dagegen etwas zurückhaltender, aber ein philosophisch hoch gebildeter Mann. Er schickte seine Söhne zur Ausbildung ins nahe Athen, das ja nach wie vor mit seinen wichtigsten vier Philosophenschulen - die Akademie, der Peripatos, die Stoa und die Gärten des Epikur - Studenten und bildungsbeflissene Erwachsene aus dem ganzen Reich anlockte. Plutarchs Studien galten der Mathematik, der Rhetorik und der Medizin, vor allem aber der Philosophie.

Für sein ganzes Leben bestimmend wird seine Begegnung mit Ammonios, dem Leiter der Akademie, der ihn für Platons Philosophie gewinnt. Dieser bleibt er sein Leben lang treu, wenn er auch hier und da Erkenntnisse der Stoiker und Epikureer, die ihm gut und richtig erscheinen, übernimmt. Wo es jedoch um letzte Fragen und Rätsel geht, hält er im Wesentlichen an Platons Vorstellungen fest.

Nach den Studien bereiste Plutarch Griechenland, Kleinasien, Ägypten und das Zentrum des Imperium Romanum, Italien und Rom, das er noch öfter im Leben aufsuchen sollte. Dort hielt er Vorträge und fand Kontakt zu Konsularen wie Sosius Senecio, Minucius Fundanus und Mestrius Florus. Dieser, ein Vertrauter des Kaisers Vespasian, verhalf ihm auch zum Erwerb des römischen Bürgerrechts. Seit jeher brachten ja die gebildeten Kreise Roms der griechischen Kultur und ihren Vertretern großes Interesse entgegen. Griechisch war schon seit langem die Sprache der gebildeten Römer. Griechische Gelehrte konnten ihre Vorträge in Griechisch halten. So erklärt es sich wohl auch, dass Plutarch seinerseits die lateinische Sprache, wie er selber bekennt, erst im Alter und nur, soweit es für die Studien zu den Biographien der großen Römer nötig war, zu beherrschen lernte. Plutarch blieb mit den Freunden und Bekannten in Rom sein Leben lang in engem Kontakt, gelegentlich vielleicht auch in politischer Mission seiner Heimatstadt Chaironeia. Einem dieser alten römischen Freunde,

Sosius Senecio, der ein Vertrauter Kaiser Trajans war, widmete er schließlich seine Biographien.

Obwohl Plutarch in Rom mit seinen philosophischen Vorlesungen erfolgreich war und die Unterstützung einflussreicher Freunde genießen konnte, ihm also die große Welt offenstand, kehrte er nach Chaironeia zurück, heiratete und machte seine Heimatstadt zu seinem Lebensmittelpunkt, „um die kleine Stadt durch meinen Weggang nicht noch kleiner zu machen", wie er in der Biographie des Demosthenes, vielleicht mit Bezug auf sich, den Ausspruch eines anderen zitiert. Er verwaltete sein Haus und Landgut, wirkte in der Politik seiner Heimatstadt mit, z.B. als Leiter des Bauwesens oder als Archon eponymos, und versah in seinen letzten Lebensjahren im benachbarten Delphi das hoch verehrte Amt des Apollonpriesters am Orakel. Eine glückliche mit fünf Kindern gesegnete Ehe und ein inniges Familienleben führte er mit Timoxena. Dass die Ehe für ihn auch geistig-seelisches Zusammenleben mit der Ehefrau bedeutete, bezeugt uns seine „Trostschrift an Timoxena", die er anlässlich der gemeinsamen Trauer um ihr früh verstorbenes geliebtes Kind verfasste.

In Chaironeia scharten sich um Plutarch bald viele junge Leute, denen er wie seinen eigenen Söhnen zum Lehrer und Erzieher wird. Außerdem finden in seinem gastfreien Hause interessierte Mitbürger, Freunde und auswärtige Besucher Geselligkeit, anregende Gespräche, belehrende Vorträge und philosophische Diskussionen, gleichsam eine „Akademie" im Kleinen. In seinen „Tischgesprächen", wie auch in anderen moralischen Schriften, führt Plutarch uns solche Gesprächsrunden vor Augen und vermittelt uns eine Vorstellung davon, wie und in welchem Maße geistiger Austausch unter Bürgern einer kleinen Polis vor sich gehen konnte. Im kleinen böotischen Chaironeia jedenfalls gab es ein reges geistiges Leben: noch Jahre nach Plutarchs Tod existierte seine „Akademie" weiterhin.

Der Darlegung seiner politischen Lehren gibt Plutarch die literarische Form eines offenen Briefes. Er richtet ihn an Menemachos, einen jungen Freund aus einer reichen angesehenen Familie in Sardes, einer einst bedeutenden Stadt, die nun aber nur eine kleine griechische Polis in der römischen Provinz Lydia ist. Leider wissen wir über diesen Menemachos nur das, was uns Plutarch hier mitteilt. Danach ist er ein Angehöriger der dortigen Aristokratie und strebt eines der höheren kommunalen Ämter an, ohne schon Erfahrungen gesammelt zu haben. Er hat Plutarch persönlich um seinen Rat gebeten.

Unter Plutarchs Ratschlägen sind viele auch heute noch beherzigenswert. Besonders interessant dürften für uns in der heutigen politischen Weltlage diejenigen sein, mit denen er Menemachos deutlich und illusionslos klar macht, welche Grenzen einem griechischen Politiker die römische Vorherrschaft auferlege: die Kriege und Rivalitäten zwischen den Griechen seien sinnlos geworden, was ein Segen sei, und alle restlichen Politikfelder, besonders die Bewahrung von Frieden und Eintracht seien umso lohnenswertere Aufgaben der Politik: sowohl innerhalb der griechischen Staaten als auch zwischen ihnen. Er rät zu vernünftigem Maßhalten und warnt vor übertriebenem Nationalstolz und dem Streben zurück nach alter nationaler Macht und Größe.

Und wie steht es um die politischen Verhältnisse im Inneren solcher griechischen Stadtstaaten, wie sie Plutarch mit Sardes im Blick hatte? Im griechischen Osten des Römischen Reiches wie auch im griechischen Mutterland existierten damals vielerorts noch Institutionen, die der Form nach demokratisch waren. In Wirklichkeit herrschte aber weitgehend eine Aristokratie der grundbesitzenden Schichten. Deren Angehörige bildeten eine Art geschlossener Gesellschaft von Honoratioren. Sie beanspruchten für sich die höheren Ämter und gewannen durch dieses Privileg wiederum wirtschaftliche Vorteile und eine Konsolidierung ihrer Machtstellung. Das unterprivilegierte Volk verfügte allerdings infolge seiner formal weiterhin bestehenden Mitwirkung in der Volks-

versammlung ebenfalls über ein Instrument der Macht: es wählte vornehmlich diejenigen Honoratioren in die Ämter, die sich besonders wohltätig zeigten, und von denen viele aus politischem Ehrgeiz bereit und imstande waren, mit ihrem großen Vermögen für die ganze Stadtgemeinde kostspielige Bankette, musische oder sportliche Spektakel, Bauten oder auch direkt ans Volk verteilte Geldgeschenke zu finanzieren. Für diese Wohltätigkeiten konnte das einfache Volk Wohlgefallen oder Missfallen sehr deutlich – auch außerhalb der Wahlen – kundtun: es durfte Ehrendekrete, Kränze, Stelen und Statuen bewilligen oder verweigern. In diesen griechischen Stadtstaaten konnte der Konkurrenzkampf führender Familien, deren Mitglieder sich gegenseitig Ehrungen, Vorrang und Macht streitig machten, zu großen politischen Spannungen und unheilbaren Zerwürfnissen führen. Plutarch warnt wiederholt eindringlich vor übertriebenem Machtstreben, vor Ehrsucht und Ruhmbegierde, wie auch vor der gegenseitigen Bestechlichkeit von Wahlvolk und Politikern.

Allen Unterschieden zum Trotz finden sich in Plutarchs Schilderungen erstaunlich viele Parallelen zum heutigen politischen Leben. Mag Plutarch auch für moderne Betrachter mit seinem moralischen Optimismus übers Ziel hinausschießen, wenn er die politische Relevanz individueller ethischer Qualitäten von Regierenden und Regierten überhöht – z. B. gehört für Plutarch das „ethopoiein" d.h. die Charakterformung des Volkes wie der eigenen Person zu den Aufgaben des Staatsmannes – so spielen dennoch für ein gedeihliches Gemeinschaftsleben der Mensch und sein ethisch-politisches Verhalten nach wie vor eine zentrale Rolle. Aus seinen zahlreichen praktischen Beispielen richtiger und falscher Politik ergeben sich einige Grundsätze, die, wie uns gegenwärtige Erfahrungen zeigen können, heute noch genauso gültig sind, wie damals unter den ganz anderen Verhältnissen. Und wenn er manches vorschlägt, was heute befremdlich erscheint oder unseren Vorstellungen widerspricht, dann geschieht es doch geistreich und unterhaltsam - auch für uns noch.

ΠΟΛΙΤΙΚΑ ΠΑΡΑΓΓΕΛΜΑΤΑ

1. Εἰ πρὸς ἄλλο τι χρήσασθαι καλῶς ἐστιν ἔχον, ὦ Μενέμαχε, τῷ

οὔτις τοι τὸν μῦθον ὀνόσσεται ὅσσοι Ἀχαιοί,
οὐδὲ πάλιν ἐρέει· ἀτὰρ οὐ τέλος ἵκεο μύθων,

καὶ πρὸς τοὺς προτρεπομένους τῶν φιλοσόφων, διδάσκοντας δὲ μηδὲν μηδ' ὑποτιθεμένους· ὅμοιοι γάρ εἰσι τοῖς τοὺς λύχνους προμύττουσιν, ἔλαιον δὲ μὴ ἐγχέουσιν. Ὁρῶν οὖν σε παρωρμημένον ὑπὸ τοῦ λόγου πρὸς πολιτείαν καὶ βουλόμενον ἀξίως τῆς εὐγενείας ἐν τῇ πατρίδι

μύθων τε ῥητῆρ' ἔμεναι πρηκτῆρά τε ἔργων,

ἐπειδὴ χρόνον οὐκ ἔχεις ἀνδρὸς φιλοσόφου βίον ὕπαιθρον ἐν πράξεσιν πολιτικαῖς καὶ δημοσίοις ἀγῶσι κατανοῆσαι καὶ γενέσθαι παραδειγμάτων ἔργῳ μὴ λόγῳ περαινομένων θεατής, ἀξιοῖς δὲ παραγγέλματα λαβεῖν πολιτικά, τὴν μὲν ἄρνησιν οὐδαμῶς ἐμαυτῷ προσήκουσαν εἶναι νομίζω, τὸ δ' ἔργον εὔχομαι καὶ τῆς σῆς ἄξιον σπουδῆς καὶ τῆς ἐμῆς προθυμίας γενέσθαι· τοῖς δὲ παραδείγμασι ποικιλοτέροις, ὥσπερ ἠξίωσας, ἐχρησάμην.

2. Πρῶτον μὲν οὖν ὑποκείσθω πολιτεία καθάπερ ἔδαφος βέβαιον καὶ ἰσχυρὸν ἡ προαίρεσις ἀρχὴν ἔχουσα κρίσιν καὶ λόγον, ἀλλὰ μὴ πτοίαν ὑπὸ δόξης κενῆς ἢ φιλονεικίας

POLITISCHE RATSCHLÄGE

1. Wenn man dieses Homerwort:

„Was du gesprochen, das rügt doch kein einziger aller Achaier;
keiner verwirft deine Worte: du führtest die Rede nur nicht zu Ende."
(Ilias 9,55f)

überhaupt mit Fug und Recht auf etwas anderes anwenden darf, lieber Menemachos, dann doch gerade auf die Philosophen, die sich in Mahnreden ergehen, jedoch keine Lehren und Ratschläge mitgeben. Sie ähneln den Leuten, die bei den Lampen den Docht putzen, aber kein Öl eingießen.

Ich sehe, dass Einsicht dich der Politik zugetrieben hat und du, wie es deiner edlen Herkunft entspricht, danach trachtest, in deinem Vaterland

„wortgewaltiger Redner und Vollbringer von Taten zu sein."
(Ilias 9,443)

Indessen steht dir nicht die nötige Zeit zur Verfügung, dass du die Lebensführung eines philosophischen Mannes beobachten kannst, der unter aller Augen mit politischen Maßnahmen und öffentlichem Streit beschäftigt ist, und dass du so als Zuschauer Beispiele miterleben kannst, die sich in der Wirklichkeit und nicht nur in einem Bericht vollziehen. Und weil du folglich wünschst, politische Ratschläge zu bekommen, so glaube ich, mir auf keinen Fall erlauben zu dürfen, dir das abzuschlagen. Möge denn, so mein Wunsch, das von mir hier Ausgearbeitete sich deines Studiums und meines guten Willens würdig erweisen. Und wie du es verlangtest, habe ich von Beispielen in bunter Vielfalt Gebrauch gemacht.

2. Nun denn, vor allem anderen soll politischer Tätigkeit die bewusste Entscheidung für sie als ein festes, sicheres Fundament zugrunde liegen, eine Entscheidung, die aus vernünftiger

τινὸς ἢ πράξεων ἑτέρων ἀπορίας. Ὥσπερ γὰρ οἷς οὐδέν ἔστιν οἴκοι χρηστὸν ἐν ἀγορᾷ διατρίβουσι, κἂν μὴ δέωνται, τὸν πλεῖστον χρόνον, οὕτως ἔνιοι, τῷ μηδὲν ἔχειν ἴδιον πράττειν ἄξιον σπουδῆς, ἐμβάλλουσιν ἑαυτοὺς εἰς δημόσια πράγματα, τῇ πολιτείᾳ διαγωγῇ χρώμενοι.
D Πολλοὶ δ' ἀπὸ τύχης ἁψάμενοι τῶν κοινῶν καὶ ἀναπλησθέντες οὐκέτι ῥᾳδίως ἀπελθεῖν δύνανται, ταὐτὸ τοῖς ἐμβᾶσιν εἰς πλοῖον αἰώρας χάριν, εἶτ' ἀποσπασθεῖσιν εἰς πέλαγος πεπονθότες· ἔξω βλέπουσι ναυτιῶντες καὶ ταραττόμενοι, μένειν δὲ καὶ χρῆσθαι τοῖς παροῦσιν ἀνάγκην ἔχοντες·

Λευκᾶς καθύπερθε γαλάνας
εὐπρόσωποι σφᾶς παράειραν ἔρωτες να°ί°ας
κλη°ί°δος χαραξιπόντου δαιμονίαν ἐς ὕβριν.

Οὗτοι καὶ μάλιστα διαβάλλουσι τὸ πρᾶγμα τῷ μετανοεῖν καὶ ἀσχάλλειν, ὅταν ἢ δόξαν ἐλπίσαντες ἀδοξίᾳ περιπέσωσιν ἢ φοβεροὶ προσδοκήσαντες ἑτέροις ἔσεσθαι διὰ
E δύναμιν εἰς πράγματα κινδύνους ἔχοντα καὶ ταραχὰς ἄγωνται. Ὁ δ' ὡς μάλιστα προσῆκον ἑαυτῷ καὶ κάλλιστον ἔργον ἀπὸ γνώμης <καὶ> λογισμοῦ τὰ κοινὰ πράσσειν ἀρξάμενος ὑπ' οὐδενὸς ἐκπλήττεται τούτων οὐδ' ἀναστρέφεται τὴν γνώμην. Οὔτε γὰρ ἐπ' ἐργασίᾳ καὶ χρηματισμῷ προσιτέον τοῖς κοινοῖς, ὡς οἱ περὶ Στρατοκλέα καὶ Δρομοκλείδην ἐπὶ τὸ χρυσοῦν θέρος, τὸ βῆμα μετὰ παιδιᾶς
F οὕτως ὀνομάζοντες, ἀλλήλους παρεκάλουν· οὔθ' οἷον ἐπιλήπτους ὑπὸ πάθους ἄφνω γενομένους, ὡς Γάιος Γράκχος ἐπὶ θερμοῖς τοῖς περὶ τὸν ἀδελφὸν ἀτυχήμασιν ἀποτάτω τῶν κοινῶν τὸν βίον θέμενος, εἶθ' ὕβρει τινῶν καὶ λοιδορίᾳ πρὸς αὐτὸν ἀναφλεχθεὶς ὑπ' ὀργῆς ἐνέπεσε τοῖς κοινοῖς, καὶ ταχὺ μὲν ἐπλήσθη πραγμάτων καὶ δόξης, ζητῶν δὲ παύσασθαι καὶ δεόμενος μεταβολῆς καὶ ἡσυχίας

Erwägung hervorgeht und nicht einer Lust und Laune entspringt, die sich aus eitler Ruhmsucht, Streitlust oder einem Mangel an sonstiger Betätigung ergibt. Genauso wie Leute, die im eigenen Hauswesen keine nützliche Aufgabe vorfinden, den größten Teil ihrer Zeit auf dem Marktplatz verbringen, ohne etwas kaufen zu wollen, so drängen sich manche, weil sie keine lohnenswerten privaten Aufgaben zu erfüllen haben, zu öffentlichen Tätigkeiten und nutzen Politik zum Zeitvertreib. Und für viele Bürger, die sich unüberlegt auf die öffentliche Verwaltung eingelassen haben, gibt es, sind sie erst einmal darin verwickelt, kein leichtes Entkommen: sie erleiden dasselbe wie die Leute, die um des Schaukelvergnügens willen ein Schiff bestiegen haben, sich dann aber aufs offene Meer davongetragen sehen.

„über die hellglänzende Meeresfläche gaben verführerische Eroten das Geleit -
hin zur göttlichen Rache für das meeraufwühlende Rudern"
(Simonides? fr.42 D.)

Gerade diese Bürger bringen mit ihrer Reue und ihrer Ungeduld die Sache der Politik in Verruf: zum einen dann, wenn sie nach anfänglichem Hoffen auf Ruhm doch im Namenlosen versinken, zum andern dann, wenn sie erwarteten, den anderen mit ihrer Macht Furcht einzuflößen und stattdessen in Situationen voller Gefahr und Unruhe geraten. Wer aber die politische Tätigkeit als die ihn am stärksten ansprechende und ehrende Aufgabe aus Einsicht und Überlegung begonnen hat, der lässt sich durch keines dieser Erlebnisse abschrecken oder gar von seinem klar erkannten Ziel abbringen. Denn nicht in der Absicht, Geld und Gut zu gewinnen, darf man sich dem Dienst am Staat widmen, wie es Stratokles, Dromokleides[1] und ihr Anhang taten, indem sie einander zur „Golderte" einluden – so nannten sie scherzhaft den Auftritt auf der Rednerbühne. Ebenso wenig darf man an Staatsgeschäfte herangehen, wie wenn man von plötzlicher Leidenschaft ergriffen wäre, wie Gaius Gracchus[2], der sich zu der Zeit, als sein Bruder gerade seine Niederlagen erlitten hatte, ein Leben in äußerster

4

799 οὐχ εὗρε καταθέσθαι τὴν δύναμιν αὐτοῦ διὰ μέγεθος ἀλλὰ προαπώλετο· τούς τε πρὸς ἅμιλλαν ἢ δόξαν ὥσπερ ὑποκριτὰς εἰς θέατρον ἀναπλάττοντας ἑαυτοὺς ἀνάγκη μετανοεῖν, ἢ δουλεύοντας ὧν ἄρχειν ἀξιοῦσιν ἢ προσκρούοντας οἷς ἀρέσκειν ἐθέλουσιν. Ἀλλ'ὥσπερ εἰς φρέαρ οἶμαι τὴν πολιτείαν τοὺς μὲν ἐμπίπτοντας αὐτομάτως καὶ παραλόγως ταράττεσθαι καὶ μετανοεῖν, τοὺς δὲ καταβαίνοντας ἐκ παρασκευῆς καὶ λογισμοῦ καθ'ἡσυχίαν χρῆσθαί τε τοῖς πράγμασι μετρίως καὶ πρὸς μηδὲν δυσκολαίνειν, ἅτε δὴ τὸ καλὸν αὐτὸ καὶ μηδὲν ἄλλο τῶν πράξεων ἔχοντας τέλος.

B 3. Οὕτω δὴ τὴν προαίρεσιν ἀπερείσαντας ἐν ἑαυτοῖς καὶ ποιησαμένους ἄτρεπτον καὶ δυσμετάθετον, τρέπεσθαι χρὴ πρὸς κατανόησιν τοῦ ἤθους τῶν πολιτῶν, ὃ μάλιστα συγκραθὲν ἐκ πάντων ἐπιφαίνεται καὶ ἰσχύει. Τὸ μὲν γὰρ εὐθὺς αὐτὸν ἐπιχειρεῖν ἠθοποιεῖν καὶ μεθαρμόττειν τοῦ δήμου τὴν φύσιν οὐ ῥᾴδιον οὐδ' ἀσφαλές, ἀλλὰ καὶ χρόνου δεόμενον πολλοῦ καὶ μεγάλης δυνάμεως. Δεῖ δ', ὥσπερ οἶνος ἐν ἀρχῇ μὲν ὑπὸ τῶν ἠθῶν κρατεῖται τοῦ πίνοντος, ἡσυχῇ δὲ διαθάλπων καὶ κατακεραννύμενος αὐτὸς ἠθοποιεῖ τὸν πίνοντα καὶ μεθίστησιν, οὕτω τὸν πολιτικόν,
C ἕως ἂν ἰσχὺν ἀγωγὸν ἐκ δόξης καὶ πίστεως κατασκευάσηται, τοῖς ὑποκειμένοις ἤθεσιν εὐάρμοστον εἶναι καὶ στοχάζεσθαι τούτων, ἐπιστάμενον οἷς χαίρειν ὁ δῆμος καὶ

Ferne zur Politik führte, sich dann aber wegen Beleidigungen und Schmähungen gewisser Bürger mit loderndem Zorn in die Politik stürzte. In kurzer Zeit war er von all des Treibens und des Ruhmes überdrüssig. Als er aber aufzuhören versuchte und es ihn nach einem anderen, einem ruhigen Leben verlangte, fand er wegen der Fülle der Macht keine Möglichkeit, sie niederzulegen, sondern kam vorher ums Leben. Diejenigen schließlich, die um in der Politik Ehrgeiz und Ruhmsucht zu befriedigen, sich wie Schauspieler für das Theaterspiel in eine andere Person verwandeln, trifft unausweichlich die Reue: denn sie machen sich entweder zu Sklaven derer, die sie beherrschen wollen, oder sie zerstreiten sich mit denen, deren Anerkennung sie zu erreichen suchen.

Meiner Meinung nach überfällt die einen, die aus Zufall und Unbedachtheit in die Politik wie in einen Brunnen hineinfallen, Bestürzung und Reue, die anderen dagegen, die wohl vorbereitet und mit Überlegung in sie hineinsteigen, begegnen in aller Ruhe mit Augenmaß den Schwierigkeiten und reagieren auf nichts verdrießlich, da sie ja gerade das Rechte und Gute und nichts Anderes mit ihren Handlungen bezwecken.

3. Hat man so seine Grundentscheidung im eigenen Innern verankert und sie unerschütterlich und unverrückbar gemacht, so muss man sich der Aufgabe zuwenden, die Mentalität der Mitbürger zu erkennen, die als eine Mischung aller einzelnen Charaktere besonders hervorsticht und besondere Auswirkungen zeigt. Denn sofort selber daran zu gehen, die Sinnesart zu formen und die naturgegebene Art des Volkes zu ändern, ist nicht leicht und nicht ungefährlich, verlangt vielmehr einen großen Zeitaufwand, aber auch eine große Durchsetzungskraft. Wie der Wein zwar am Anfang noch von den persönlichen Verhaltensweisen des Trinkers bestimmt wird, wenn er aber nach und nach den Trinker durch und durch erwärmt und sich überall hineinmischt, seinerseits dessen Verhaltensweisen beeinflusst und verändert, so soll sich auch der Politiker, bis er durch Ansehen und Glaubwürdigkeit Führungskraft erworben hat, den herrschenden Sitten fügen und sie berücksichtigen und dabei genau wissen, woran sich das Volk seinem

ὑφ' ὧν ἄγεσθαι πέφυκεν. Οἷον ὁ Ἀθηναίων εὐκίνητός ἐστι πρὸς ὀργήν, εὐμετάθετος πρὸς ἔλεον, μᾶλλον ὀξέως ὑπονοεῖν ἢ διδάσκεσθαι καθ' ἡσυχίαν βουλόμενος· ὥσπερ τῶν ἀνδρῶν τοῖς ἀδόξοις καὶ ταπεινοῖς βοηθεῖν προθυμότερος, οὕτως τῶν λόγων τοὺς παιγνιώδεις καὶ γελοίους ἀσπάζεται καὶ προτιμᾷ· τοῖς μὲν ἐπαινοῦσιν αὐτὸν μάλιστα χαίρει, τοῖς δὲ σκώπτουσιν ἥκιστα δυσχεραίνει· φοβερός ἐστιν ἄχρι τῶν ἀρχόντων, εἶτα φιλάνθρωπος
D ἄχρι τῶν πολεμίων. Ἕτερον ἦθος τοῦ Καρχηδονίων δήμου, πικρόν, σκυθρωπόν, ὑπήκοον τοῖς ἄρχουσι, βαρὺ τοῖς ὑπηκόοις, ἀγεννέστατον ἐν φόβοις, ἀγριώτατον ἐν ὀργαῖς, ἐπίμονον τοῖς γνωσθεῖσι, πρὸς παιδιὰν καὶ χάριν ἀνήδυντον καὶ σκληρόν. Οὐκ ἂν οὗτοι, Κλέωνος ἀξιοῦντος αὐτούς, ἐπεὶ τέθυκε καὶ ξένους ἑστιᾶν μέλλει, τὴν ἐκκλησίαν ὑπερθέσθαι, γελάσαντες ἂν καὶ κροτήσαντες ἀνέστησαν, οὐδ' Ἀλκιβιάδην ὄρτυγος ἐν τῷ λέγειν διαφυγόντος ἐκ τοῦ ἱματίου, φιλοτίμως συνθηρεύσαντες ἀπέδωκαν, ἀλλὰ καὶ ἀπέκτειναν ἄν, ὡς ὑβρίζοντας καὶ τρυφῶντας·
E ὅπου καὶ Ἄννωνα, λέοντι χρώμενον σκευοφόρῳ παρὰ τὰς στρατείας, αἰτιασάμενοι τυραννικὰ φρονεῖν ἐξήλασαν. Οἶμαι δ' ἂν ἔγωγε μηδὲ Θηβαίους ἀποσχέσθαι γραμμάτων πολεμίων κυρίους γενομένους, ὡς Ἀθηναῖοι, Φιλίππου γραμματοφόρους λαβόντες ἐπιστολὴν ἐπιγεγραμμένην Ὀλυμπιάδι κομίζοντας, οὐκ ἔλυσαν οὐδ' ἀπεκάλυψαν ἀπόρρητον ἀνδρὸς ἀποδήμου πρὸς γυναῖκα φιλοφροσύνην· οὐδέ γ' αὖ πάλιν Ἀθηναίους, Ἐπαμεινώνδου πρὸς τὴν κατηγορίαν ἀπολογεῖσθαι μὴ θέλοντος ἀλλ' ἀναστάντος ἐκ τοῦ θεάτρου καὶ διὰ τῆς ἐκκλησίας εἰς τὸ γυμνάσιον

Wesen nach erfreut und womit man es für sich gewinnen kann. So ist ja zum Beispiel das Volk der Athener leicht zu erzürnen, leicht auch zu Mitleid zu bewegen und eher geneigt, vorschnell zu verdächtigen, als sich in Ruhe informieren zu lassen. Wie es bereitwilliger den namenlosen und schlichten Leuten zu Hilfe kommt, so schätzt und bevorzugt es bei den Reden auch die scherzhaften und witzigen. An den Leuten, die es loben, hat es seine besondere Freude, denen, die es verspotten, ist es ganz und gar nicht böse. Furcht erregt es bis in die Reihen der eigenen Obrigkeit, Mitmenschlichkeit erweist es bis in die Reihen der Feinde.

Ein anderes Naturell zeigt sich am Volk der Karthager: herb, mürrisch, gegen die Obrigkeit unterwürfig, gegen die Untertanen herrisch, äußerst kleinmütig, wenn es Furcht hat, äußerst unbeherrscht, wenn es zürnt, auf einmal Beschlossenem ewig beharrend, für Scherz und Liebenswürdigkeit unempfänglich und abweisend. Dieses Volk wäre wohl kaum lachend und klatschend aufgestanden, wenn ein Kleon[3] bei ihnen den Antrag gestellt hätte, man möge die Versammlung vertagen, weil er gerade geopfert habe und im Begriff sei, Gäste zu bewirten. Auch dem Alkibiades[4] hätten sie nicht das Tier in gemeinschaftlichem Eifer erjagt und zurückgegeben, als ihm während der Rede eine Wachtel aus dem Mantel entschlüpfte, sondern beide Männer hätten sie wohl wegen beleidigenden Verhaltens und luxuriösen Lebenswandels sogar hinrichten lassen. Haben sie doch auch Hanno[5], nur weil er auf Feldzügen einen Löwen als Gepäcktier benutzte, tyrannischer Absichten beschuldigt und in die Verbannung geschickt.

Selbst die Thebaner, so vermute ich, hätten sich wohl nicht zurückhalten können, Briefschaften der Feinde, die in ihren Besitz gelangt wären, anzutasten, in der Weise wie die Athener, die Philipps[6] Briefboten mit einem an die Gattin Olympias adressierten Brief aufgegriffen hatten, dies Schreiben weder erbrachen noch die geheime Liebe eines fernen Ehemannes für seine Frau enthüllten. Andererseits hätten vermutlich die Athener, den Stolz und die Überheblichkeit des Mannes nicht gutwillig hingenommen, als Epameinondas[7] nicht bereit war, sich gegen jene Anklage zu rechtfertigen, sondern von seinem Platz im Theater aufstand und

F ἀπιόντος, εὐκόλως ἐνεγκεῖν τὴν ὑπεροψίαν καὶ τὸ φρόνημα τοῦ ἀνδρός· πολλοῦ δ' ἂν ἔτι καὶ Σπαρτιάτας δεῆσαι τὴν Στρατοκλέους ὕβριν ὑπομεῖναι καὶ βωμολοχίαν, πείσαντος μὲν αὐτοὺς εὐαγγέλια θύειν ὡς νενικηκότας, ἐπεὶ δέ, τῆς ἥττης ἀληθῶς ἀπαγγελθείσης, ἠγανάκτουν, ἐρω-
800 τῶντος τὸν δῆμον | τί ἠδίκηται, τρεῖς ἡμέρας δι' αὐτὸν ἡδέως γεγονώς. Οἱ μὲν οὖν αὐλικοὶ κόλακες ὥσπερ ὀρνιθοθῆραι μιμούμενοι τῇ φωνῇ καὶ συνεξομοιοῦντες αὑτοὺς ὑποδύονται μάλιστα καὶ προσάγουσι δι' ἀπάτης τοῖς βασιλεῦσι· τῷ δὲ πολιτικῷ μιμεῖσθαι μὲν οὐ προσήκει τοῦ δήμου τὸν τρόπον, ἐπίστασθαι δὲ καὶ χρῆσθαι πρὸς ἕκαστον, οἷς ἁλώσιμός ἐστιν· ἡ γὰρ ἄγνοια τῶν ἠθῶν ἀστοχίας φέρει καὶ διαπτώσεις οὐχ' ἥττονας ἐν ταῖς πολιτείαις ἢ ταῖς φιλίαις τῶν βασιλέων.

4. Τὸ μὲν οὖν τῶν πολιτῶν ἦθος ἰσχύοντα δεῖ καὶ πιστευόμενον ἤδη πειρᾶσθαι ῥυθμίζειν, ἀτρέμα πρὸς τὸ
B βέλτιον ὑπάγοντα καὶ πράως μεταχειριζόμενον· ἐργώδης γὰρ ἡ μετάθεσις τῶν πολλῶν. Αὐτὸς δ' ὥσπερ ἐν θεάτρῳ τὸ λοιπὸν ἀναπεπταμένῳ βιωσόμενος ἐξάσκει καὶ κατακόσμει τὸν τρόπον· εἰ δὲ μὴ ῥᾴδιον ἀπαλλάξαι παντάπασι τῆς ψυχῆς τὴν κακίαν, ὅσα γοῦν ἐπανθεῖ μάλιστα καὶ προπίπτει τῶν ἁμαρτημάτων ἀφαιρῶν καὶ κολούων. Ἀκούεις γάρ, ὅτι καὶ Θεμιστοκλῆς, ἅπτεσθαι τῆς πολιτείας διανοούμενος, ἀπέστησε τῶν πότων καὶ τῶν κώμων ἑαυτόν, ἀγρυπνῶν δὲ καὶ νήφων καὶ πεφροντικὼς ἔλεγε πρὸς τοὺς συνήθεις, ὡς οὐκ ἐᾷ καθεύδειν αὐτὸν τὸ Μιλτιάδου τρόπαιον· Περικλῆς δὲ καὶ περὶ τὸ σῶμα καὶ τὴν

durch die Versammlung der Thebaner hindurch zum Gymnasion davonging. Und noch weit weniger hätten auch die Spartaner die Beleidigung und Taschenspielerei eines Stratokles geduldet. Der hatte die Athener zu einem Dankopfer überredet, da sie ja einen Sieg errungen hätten. Als dann aber wahrheitsgemäß die Niederlage gemeldet wurde und sie sich ärgerten, fragte er das Volk, welches Unrecht ihm widerfahren sei, es habe doch auf seine Veranlassung hin drei Tage lang gut leben können. Die Schmeichler an Königshöfen, ähnlich wie Vogelfänger, ahmen mit der Stimme ihre Könige nach, versuchen ihnen persönlich in allem zu ähneln, gelangen in ihre engste Umgebung und machen sich so durch Täuschung bei ihnen beliebt. Der Staatsmann dagegen sollte die Wesensart des Volkes zwar nicht nachahmen, aber er sollte sie verstehen und bei dem jeweiligen Volk die Mittel anwenden, mit denen er es für sich einnehmen kann. Die Unkenntnis der Volkscharaktere führt dazu, dass er seine Ziele verfehlt und Niederlagen erlebt, die in bürgerlichen Gemeinwesen nicht sanfter sind als in Freundschaften mit Königen.

4. Den Charakter der Bürger soll der Politiker erst dann, wenn er Einfluss und Glaubwürdigkeit besitzt, zu beeinflussen versuchen, indem er sie nach und nach zum Besseren führt und sie freundlich an die Hand nimmt. Es ist ja ein schwieriges Unterfangen, ein Volk zu ändern. Du selber aber sollst, wie einer, der künftig auf offener Theaterbühne lebt, die eigene Eigenart einüben und in Ordnung halten. Sollte es dir nicht leichtfallen, die Mängel deiner Seele im Ganzen zu tilgen, so reiße wenigstens aus und schneide ab, was immer an Fehlern besonders emporblüht und hervorbricht. Du weißt ja gewiss, dass Themistokles[8] sich von Trinkgelagen und nächtlichem Herumschwärmen zurückzog, als er sich der Politik widmen wollte. Er durchwachte fortan die Nächte, blieb nüchtern, war tief in Sorgen versunken und seine stete Rechtfertigung gegenüber Freunden war: das Siegesmal des Miltiades lasse ihn keinen Schlaf finden. Perikles[9] seinerseits änderte sich sogar in Körperhaltung und Auftreten, so dass er ohne Eile daherkam, sich freundlich in Unterhaltungen einließ, stets eine beherrschte Mie-

C δίαιταν ἐξήλλαξεν αὐτὸν ἠρέμα βαδίζειν καὶ πράως διαλέγεσθαι καὶ τὸ πρόσωπον ἀεὶ συνεστηκὸς ἐπιδεικνύναι καὶ τὴν χεῖρα συνέχειν ἐντὸς τῆς περιβολῆς καὶ μίαν ὁδὸν πορεύεσθαι τὴν ἐπὶ τὸ βῆμα καὶ τὸ βουλευτήριον. Οὐ γὰρ εὐμεταχείριστον οὐδὲ ῥᾴδιον ἁλῶναι τὴν σωτήριον ἅλωσιν ὑπὸ τοῦ τυχόντος ὁ ὄχλος, ἀλλ' ἀγαπητόν, εἰ μήτ' ὄψει μήτε φωνῇ πτυρόμενος ὥσπερ θηρίον ὕποπτον καὶ ποικίλον ἐνδέχοιτο τὴν ἐπιστασίαν. Ὧι τοίνυν οὐδὲ τούτων ἐπιμελητέον ἐστὶ παρέργως, ἦπου τῶν περὶ τὸν βίον καὶ τὸ ἦθος ἀμελητέον, ὅπως ᾖ ψόγου καθαρὰ καὶ διαβολῆς ἁπάσης; Οὐ γὰρ ὧν λέγουσιν ἐν κοινῷ καὶ πράττουσιν οἱ
D πολιτευόμενοι μόνον εὐθύνας διδόασιν, ἀλλὰ καὶ δεῖπνον αὐτῶν πολυπραγμονεῖται καὶ κοίτη καὶ γάμος καὶ παιδιὰ καὶ σπουδὴ πᾶσα. Τί γὰρ δεῖ λέγειν Ἀλκιβιάδην, ὃν περὶ τὰ κοινὰ πάντων ἐνεργότατον ὄντα καὶ στρατηγὸν ἀήττητον ἀπώλεσεν ἡ περὶ τὴν δίαιταν ἀναγωγία καὶ θρασύτης, καὶ τῶν ἄλλων ἀγαθῶν αὐτοῦ τὴν πόλιν ἀνόνητον ἐποίησε διὰ τὴν πολυτέλειαν καὶ τὴν ἀκολασίαν· ὅπου καὶ Κίμωνος οὗτοι τὸν οἶνον καὶ Ῥωμαῖοι Σκιπίωνος οὐδὲν ἄλλο ἔχοντες λέγειν τὸν ὕπνον ᾐτιῶντο. Πομπήιον δὲ Μᾶγνον ἐλοιδόρουν οἱ ἐχθροί, παραφυλάξαντες ἑνὶ δακτύλῳ τὴν
E κεφαλὴν κνώμενον. Ὡς γὰρ ἐν προσώπῳ φακὸς καὶ ἀκροχορδὼν δυσχεραίνεται μᾶλλον ἢ στίγματα καὶ κολοβότητες καὶ οὐλαὶ τοῦ λοιποῦ σώματος, οὕτω τὰ μικρὰ φαίνεται μεγάλα τῶν ἁμαρτημάτων ἐν ἡγεμονικοῖς καὶ πολιτικοῖς ὁρώμενα βίοις διὰ δόξαν, ἣν οἱ πολλοὶ περὶ ἀρχῆς καὶ πολιτείας ἔχουσιν ὡς πράγματος μεγάλου καὶ καθαρεύειν ἀξίου πάσης ἀτοπίας καὶ πλημμελείας. Εἰκότως οὖν Λιούιος Δροῦσος ὁ δημαγωγὸς εὐδοκίμησεν ὅτι, τῆς οἰκίας αὐτοῦ πολλὰ μέρη κάτοπτα τοῖς γειτνιῶσιν ἐχούσης καὶ τῶν τεχνιτῶν τινος ὑπισχνουμένου ταῦτ' ἀποστρέψειν καὶ μεταθήσειν ἀπὸ πέντε μόνον ταλάντων,

ne zeigte, seine rechte Hand im Mantel ruhig hielt und nur einen einzigen Weg einschlug: den zum Platz der Redner und zur Ratsversammlung. Denn ein solches Wesen, das sich leicht an die Hand nehmen ließe und jedem Beliebigen einen rettenden Zugriff gestattete, ist das Volk nicht, sondern man muss froh sein, wenn es - anders als ein scheues und listiges Tier - vor keiner Stimme oder Erscheinung zurückschrecken würde und seine Beaufsichtigung hinnähme. Wer sich also selbst um solche Nebensächlichkeiten nicht nur so nebenbei kümmern muss, darf der wohl bei Dingen, die Lebensart und Charakter betreffen, versäumen, dafür zu sorgen, dass ihnen jeder Tadel und jede Verdächtigung fernbleibt. Haben doch die Politiker nicht nur zu verantworten, was sie in aller Öffentlichkeit sagen und tun, sondern auch ihr Verhalten bei Tisch, ihr Liebes- und Eheleben und all ihr Tun und Lassen in Ernst und Scherz wird neugierig erkundet. Wozu hier noch auf Alkibiades hinweisen, den tüchtigsten aller Politiker und den unbesiegten Feldherrn, den jedoch die Ungehörigkeit und Dreistigkeit des Lebenswandels zu Fall brachte und der so die Heimatstadt wegen seines Luxuslebens und seiner Zügellosigkeit um die Nutzung seiner übrigen Talente brachte. Machten doch diese Bürger sogar Kimon[10] das Weintrinken zum Vorwurf und die Römer ihrem Scipio[11] das ausgiebige Schlafen, da sie nichts Anderes vorbringen konnten. Den Pompeius Magnus[12] verfolgten die Gegner mit ihrem Hohn, nachdem sie ihn dabei beobachtet hatten, wie er sich am Kopf mit nur einem Finger kratzte. Wie man nämlich gegen eine Warze und einen Leberfleck im Gesicht tiefere Abneigung verspürt als gegen Brandmale, Verstümmelungen und Narben am übrigen Körper, so treten kleine Unstimmigkeiten als große in Erscheinung, wenn sie am Lebenswandel regierender und politisch aktiver Personen wahrgenommen werden; denn das Volk macht sich vom Regieren und politischen Handeln die Vorstellung, es sei eine erhabene Sache und würdig, von allem Ungewöhnlichen und Fehlerhaften frei zu bleiben. Ganz zu Recht wurde also der Volkstribun Livius Drusus[13] dafür gerühmt, dass er, dessen Haus viele den Nachbarn einsehbare Teile hatte, dem Maurer, der ihm versprach, für nur fünf Talente diese umzugestalten und den Bli-

F „δέκα" ἔφη „λαβὼν ὅλην μου ποίησον καταφανῆ τὴν οἰκίαν,
ἵνα πάντες ὁρῶσιν οἱ πολῖται πῶς διαιτῶμαι"· καὶ γὰρ
ἦν ἀνὴρ σώφρων καὶ κόσμιος. Ἴσως δὲ ταύτης οὐδὲν ἔδει
τῆς καταφανείας αὐτῷ· διορῶσι γὰρ οἱ πολλοὶ καὶ τὰ
πάνυ βαθέως περιαμπέχεσθαι δοκοῦντα τῶν πολιτευο-
801 μένων ἤθη καὶ βουλεύματα καὶ πράξεις καὶ βίους, οὐχ'
ἧττον ἀπὸ τῶν ἰδίων ἢ τῶν δημοσίων ἐπιτηδευμάτων
τὸν μὲν φιλοῦντες καὶ θαυμάζοντες, τὸν δὲ δυσχεραίνοντες
καὶ καταφρονοῦντες. Τί οὖν δή; Οὐχὶ καὶ τοῖς ἀσελγῶς
καὶ τεθρυμμένως ζῶσιν αἱ πόλεις χρῶνται; Καὶ γὰρ αἱ
κιττῶσαι λίθους καὶ οἱ ναυτιῶντες ἁλμυρίδας καὶ τὰ
τοιαῦτα βρώματα διώκουσι πολλάκις, εἶτ' ὀλίγον ὕστερον
ἐξέπτυσαν καὶ ἀπεστράφησαν· οὕτω καὶ οἱ δῆμοι διὰ
τρυφὴν καὶ ὕβριν ἢ βελτιόνων ἀπορίᾳ δημαγωγῶν χρῶνται τοῖς ἐπιτυχοῦσι βδελυττόμενοι καὶ καταφρονοῦντες,
εἶτα χαίρουσι τοιούτων εἰς αὐτοὺς λεγομένων, οἷα Πλάτων
B ὁ κωμικὸς τὸν Δῆμον αὐτὸν λέγοντα ποιεῖ

λαβοῦ, λαβοῦ τῆς χειρὸς ὡς τάχιστα μου,
μέλλω στρατηγὸν χειροτονεῖν Ἀγύρριον·

καὶ πάλιν αἰτοῦντα λεκάνην καὶ πτερὸν, ὅπως ἐμέσῃ,
λέγοντα

προσίσταταί μου πρὸς τὸ βῆμα Μαντίας

καὶ

βόσκει δυσώδη Κέφαλον, ἐχθίστην νόσον.

cken zu versperren, zur Antwort gab: „Nimm zehn Talente und mach mir das ganze Haus einsehbar, damit alle Bürger sehen können, wie ich lebe!" Das war in der Tat ein vernünftiger und anständiger Mann. Vielleicht hätte er diese Sichtbarkeit gar nicht nötig gehabt. Das Volk durchschaut nämlich auch die ganz tief verhüllt scheinenden Charakterzüge, Gesinnungen, Handlungen und Lebensweisen der Politiker und fassen nicht weniger auf Grund ihrer privaten als ihrer öffentlichen Betätigungen zu dem einen Zuneigung und Bewunderung, zu dem anderen dagegen Abneigung und Verachtung. Warum nun aber dies? Haben die Staaten nicht auch solche Männer in ihren Diensten, die ein liederliches und verweichlichtes Leben führen? Jawohl, auch Frauen in der Schwangerschaft haben oft Appetit auf Steine und an Seekrankheit Leidende gieren nach Meersalz und nach Speisen mit diesem Geschmack, kurze Zeit danach speien sie es wieder aus und wenden sich ab. In gleicher Weise nehmen auch die Völker aus Überheblichkeit und Mutwillen oder Mangel an besseren Anführern die gerade sich anbietenden Politiker voll Abscheu und Verachtung in ihre Dienste, darauf genießen sie Freude an solchen gegen sie gerichteten Worten, wie sie der Komödiendichter Platon dem Herrn „Volk" in den Mund legt:

„Halte meine Hand fest, halte sie ganz schnell fest, ich bin drauf und dran, sie für Agyrrhios[14] als Strategen zu heben!" (fr.185 K.)

An einer weiteren Stelle lässt er ihn nach Schüssel und Federkiel verlangen, damit er sich übergeben könne, denn:

„Mantias kommt mir hoch zu meinem Rednerplatz!" (fr.185,3 K.)

Und noch dieses Wort:

„Er mästet den übelriechenden Kephalos, diese verfluchte Pest!" (fr.185,4 K.)

Ὁ δὲ Ῥωμαίων δῆμος, ὑπισχνουμένου τι Κάρβωνος καὶ προστιθέντος ὅρκον δή τινα καὶ ἀράν, ἀντώμοσεν ὁμοῦ μὴ πιστεύειν. Ἐν δὲ Λακεδαίμονι, τινὸς [Δημοσθένους] ἀνδρὸς ἀκολάστου γνώμην εἰπόντος ἁρμόζουσαν, ἀπέρριψεν ὁ δῆμος, οἱ δ' ἔφοροι κληρώσαντες ἕνα τῶν γερόντων
C ἐκέλευσαν εἰπεῖν τὸν αὐτὸν λόγον ἐκεῖνον, ὥσπερ εἰς καθαρὸν ἀγγεῖον ἐκ ῥυπαροῦ μετεράσαντες, ὅπως εὐπρόσδεκτος γένηται τοῖς πολλοῖς. Οὕτως μεγάλην ἔχει ῥοπὴν ἐν πολιτείᾳ πίστις ἤθους καὶ τοὐναντίον.

5. Οὐ μὴν ἀμελητέον γε διὰ τοῦτο τῆς περὶ τὸν λόγον χάριτος καὶ δυνάμεως ἐν ἀρετῇ θεμένους τὸ σύμπαν, ἀλλά, τὴν ῥητορικὴν νομίσαντας μὴ δημιουργὸν ἀλλά τοι συνεργὸν εἶναι πειθοῦς, ἐπανορθωτέον τὸ τοῦ Μενάνδρου

τρόπος ἔσθ' ὁ πείθων τοῦ λέγοντος, οὐ λόγος·

καὶ γὰρ ὁ τρόπος καὶ ὁ λόγος. Εἰ μὴ νὴ Δία φήσει τις, ὡς τὸν κυβερνήτην ἄγειν τὸ πλοῖον, οὐ τὸ πηδάλιον, καὶ τὸν ἱππέα στρέφειν τὸν ἵππον, οὐ τὸν χαλινόν, οὕτως πόλιν
D πείθειν οὐ λόγῳ, ἀλλὰ τρόπῳ χρωμένην ὥσπερ οἴακι καὶ χαλινῷ τὴν πολιτικὴν ἀρετήν, ὅθεν εὐστροφώτατον ζῷον, ὥς φησι Πλάτων (Criti.109c), οἷον ἐκ πρύμνης ἁπτομένην καὶ κατευθύνουσαν. Ὅπου γὰρ οἱ μεγάλοι βασιλεῖς ἐκεῖνοι καὶ διογενεῖς, ὡς Ὅμηρός φησιν, ἁλουργίσι καὶ σκήπτροις καὶ δορυφόροις καὶ θεῶν χρησμοῖς ἐξογκοῦντες ἑαυτοὺς καὶ δουλούμενοι τῇ σεμνότητι τοὺς

Das Volk der Römer wiederum erwiderte dem Carbo[15], der ihm irgendein Versprechen abgab und sogar Eid und Fluch hinzufügte, mit dem gemeinsamen Gegenschwur, dass es ihm keinen Glauben schenken wolle. Als in Lakedaimon ein Mann[16] von liederlichem Lebenswandel einen vortrefflichen Vorschlag gemacht hatte, verwarf diesen das Volk, aber die Ephoren[17] bestimmten durch das Los einen der Geronten und ließen ihn eben jenen Vorschlag vortragen, als ob sie ihn aus einem schmutzigen Gefäß in ein sauberes umgeschüttet hätten, damit er vom Volk anstandslos angenommen werden könne. Einen so starken Einfluss haben in der Politik das Vertrauen auf den Charakter einer Person und das Gegenteil davon.

5. Allerdings darf man aus diesem Grunde nicht etwa über die Zauberkraft und Macht der Rede unbekümmert hinwegsehen, indem man nun alles auf sittliche Vollkommenheit ausrichtet. Vielmehr muss man in der Redekunst zwar nicht die Urheberin, wohl aber die Miterzeugerin der Überzeugungskraft anerkennen und demzufolge die Äußerung Menanders korrigieren:

„Der Charakter ist es, der überzeugt, nicht des Redners Rede."
(fr.472,7 K.)

Nein! sowohl sein Charakter als auch seine Rede ist es! Es sei denn, einer möchte es so beschreiben: wie der Steuermann ein Schiff steuert und nicht das Steuerruder und wie der Reiter ein Pferd lenkt und nicht der Zügel, so überzeuge die Kunst des Staatsmannes eine Bürgerschaft, ohne als Steuer und Zügel die Redegabe zu gebrauchen, sondern nur den Charakter, und sie packt und lenkt dadurch wie vom Steuerbord aus das nach Platons Meinung wendungsfähigste Lebewesen. (Critias 109c)
Bekanntlich waren doch jene großen und, wie Homer sagt, Zeus entsprossenen Könige, so sehr sie sich auch selber durch Purpurgewandung, Szepter, Leibwächter und Orakelweisungen erhöhten und durch diese Erhabenheit die große Volksmenge sich als den vermeintlich Stärkeren untertan machten, trotzdem von dem

πολλούς ώς κρείττονες, όμως έβούλοντο „μύθων ρητήρες"
είναι καί ούκ ήμέλουν τής τοῦ λέγειν χάριτος

οὐδ' ἀγορέων, ἵνα τ' ἄνδρες ἀριπρεπέες τελέθουσιν,

E οὐδὲ Διὸς Βουλαίου μόνον ἔχρῃζον οὐδ' Ἄρεος Ἐνυαλίου
καὶ Στρατίας Ἀθηνᾶς, ἀλλὰ καὶ τὴν Καλλιόπην παρεκά-
λουν

ἥ δὴ βασιλεῦσιν ἅμ' αἰδοίοισιν ὀπηδεῖ,

πρα°ΰ°νουσα πειθοῖ καὶ κατάδουσα τῶν δήμων τὸ αὔθαδες
καὶ βίαιον, ἤ που δυνατὸν ἄνθρωπον ἰδιώτην ἐξ ἱματίου
καὶ σχήματος δημοτικοῦ πόλιν ἄγειν βουλόμενον ἐξισχῦσαι
καὶ κρατῆσαι τῶν πολλῶν, εἰ μὴ λόγον ἔχοι συμπείθοντα
καὶ προσαγόμενον; Οἱ μὲν οὖν τὰ πλοῖα κυβερνῶντες ἑτέροις
χρῶνται κελευσταῖς, ὁ δὲ πολιτικὸς ἐν ἑαυτῷ μὲν ὀφείλει
F τὸν κυβερνῶντα νοῦν ἔχειν, ἐν ἑαυτῷ δὲ τὸν ἐγκελευόμενον
λόγον, ὅπως μὴ δέηται φωνῆς ἀλλοτρίας μηδ', ὥσπερ
Ἰφικράτης ὑπὸ τῶν περὶ Ἀριστοφῶντα καταρρητορευό-
μενος, λέγῃ „βελτίων μὲν ὁ τῶν ἀντιδίκων ὑποκριτής
δρᾶμα δὲ τοὐμὸν ἄμεινον", μηδὲ πολλάκις δέηται τῶν
Εὐριπιδείων ἐκείνων

802   εἴθ' ἦν ἄφωνον σπέρμα δυστήνων βροτῶν·

καὶ

φεῦ φεῦ, τὸ μὴ τὰ πράγματ' ἀνθρώποις ἔχειν
φωνήν, ἵν' ἦσαν μηδὲν οἱ δεινοὶ λέγειν.

Wunsche beseelt, „wortgewaltige Redner" zu sein und vernachlässigten nicht die gefällige Rede

„auch nicht die Beratungen, wo Männer hervorglänzen können"
(Ilias 9,441)

Ihre Gebete richteten sie auch nicht nur an den Rat spendenden Zeus, den Kampf liebenden Ares und die Heerführerin Athena, sondern auch an Kalliope[18],

„die den ehrwürdigen Königen zur Seite steht" (Hesiod Th. 80)

und die mit Überredungskunst die Überheblichkeit und Gewalttätigkeit der Völker zähmt und bannt. Wäre es nach all dem wohl möglich, dass es einem schlichten Menschen, der, ausgerüstet mit dem Kleid und Auftreten des einfachen Bürgers, einen Staat leiten wollte, gelingen könnte, die große Volksmenge in den Griff zu bekommen und zu beherrschen, wenn er nicht eine Beredsamkeit besäße, die die Leute von ihm überzeugte und ihm zuführte? Wer Schiffe steuert, der stützt sich bekanntlich auf die Hilfe von stimmgewaltigen Taktgebern, der Politiker aber soll in sich selber das Geschick zum Steuermann, aber auch die Gabe des anfeuernden Zurufs in sich selber besitzen, damit er keiner fremden Stimme bedarf und damit er kein solches Eingeständnis machen muss, wie Iphikrates[19], als er von Aristophon[20] und seinem Beistand rhetorisch besiegt wurde: „Der Schauspieler der Gegner war tüchtiger, doch mein Stück ist das bessere!" Auch sollte er nicht häufig zu jenem Euripides-Zitat seine Zuflucht nehmen:

„Wäre es doch stumm, das Geschlecht der unseligen Menschen!"
(fr.987 N.)

Und:

„Weh doch, o weh, dass nicht die Taten für die Menschen die Stimme erheben können, damit die Menschen, die gewaltig reden können, nichts nützten!" (fr.439 N.)

Ταῦτα μὲν γὰρ ἴσως Ἀλκαμένει καὶ Νησιώτῃ καὶ Ἰκτίνῳ καὶ πᾶσι τοῖς βαναύσοις καὶ χειρώναξι τὸ δύνασθαι λέγειν ἀπομνυμένοις δοτέον ἀποδιδράσκειν· ὥσπερ Ἀθήνησιν ἀρχιτεκτόνων ποτὲ δυεῖν ἐξεταζομένων πρὸς δημόσιον ἔργον ὁ μὲν αἱμύλος καὶ κομψὸς εἰπεῖν λόγον τινὰ διελθὼν περὶ τῆς κατασκευῆς μεμελετημένον ἐκίνησε τὸν δῆμον, ὁ δὲ βελτίων τῇ τέχνῃ λέγειν δ' ἀδύνατος παρελθὼν εἶπεν· „Ἄνδρες Ἀθηναῖοι, ὡς οὗτος εἴρηκεν, ἐγὼ ποιή-
Β σω". Τὴν γὰρ Ἐργάνην οὗτοι μόνην θεραπεύουσιν, ὥς φησι Σοφοκλῆς, οἱ

παρ' ἄκμονι τυπάδι βαρείᾳ

[καὶ] πληγαῖς ὑπακούουσαν ὕλην ἄψυχον δημιουργοῦντες. Ὁ δὲ τῆς Πολιάδος Ἀθηνᾶς καὶ τῆς Βουλαίας θέμιδος

ἥ τ' ἀνδρῶν ἀγορὰς ἠμὲν λύει ἠδὲ καθίζει

προφήτης, ἑνὶ χρώμενος ὀργάνῳ τῷ λόγῳ τὰ μὲν πλάττων καὶ συναρμόττων, τὰ δ' ἀντιστατοῦντα πρὸς τὸ ἔργον ὥσπερ ὄζους τινὰς ἐν ξύλῳ καὶ διπλόας ἐν σιδήρῳ μαλάσσων καὶ καταλεαίνων, κοσμεῖ τὴν πόλιν. Διὰ τοῦτ' <ἦν> ἡ κατὰ Περικλέα πολιτεία „λόγῳ μέν", ὡς φησι Θουκυδίδης, „δημοκρατία, ἔργῳ δ' ὑπὸ τοῦ πρώτου ἀνδρὸς ἀρχὴ",
C διὰ τὴν τοῦ λόγου δύναμιν. Ἐπεὶ καὶ Κίμων ἀγαθὸς ἦν καὶ Ἐφιάλτης καὶ Θουκυδίδης, ἀλλ' ἐρωτηθεὶς οὗτος ὑπ' Ἀρχιδάμου <τοῦ> βασιλέως τῶν Σπαρτιατῶν πότερον αὐτὸς ἢ Περικλῆς παλαίει βέλτιον, „οὐκ ἂν εἰδείη τις" εἶπεν· „ὅταν γὰρ ἐγὼ καταβάλω παλαίων, ἐκεῖνος λέγων μὴ πεπτωκέναι νικᾷ καὶ πείθει τοὺς θεωμένους".

Einem Alkamenes[21], Nesiotes[22], Iktinos[23] und allen Werkmeistern und Handwerkern, die schwören, nicht reden zu können, muss man ja vielleicht zugestehen, sich davor zu drücken. Als beispielsweise in Athen einst zwei Architekten vor der Vergabe eines öffentlichen Bauvorhabens geprüft wurden, da hielt der eine, der gewandt und fein zu reden verstand, einen vorbereiteten Vortrag über die Ausführung der Arbeiten und machte großen Eindruck auf die Bürger. Aber der andere, überlegen in der Baukunst, im Reden aber schwach, trat vor sie und sprach: „Meine Herren Athener, so gut wie er darüber geredet hat, werde ich es machen!" Die Athena Ergane ist ja die einzige Göttin, der von solchen Leuten Verehrung entgegengebracht wird, die, wie Sophokles sagt,

„am Amboss mit schwerem Hammer" (fr.760,3 N.)

und mit Wucht formbares seelenloses Material bearbeiten. Wer dagegen der Stadtschützerin Athena und der Rat spendenden Themis,

„die der Männer Ratsversammlungen einberuft und entlässt,"
(Odyssee 2,69)

als Sprachrohr dient, der schafft Ordnung in seinem Staat mit der Rede als seinem einzigen Werkzeug: dem einen Teil gibt er Form und Gestalt und fügt es harmonisch zusammen, anderes, das sich der Bearbeitung widersetzt, klopft er weich und glättet es, als wären es Aststellen am Holz und Nahtstellen am Eisen. Deshalb war die in Perikles' Zeit herrschende Staatsverfassung, wie Thukydides, der Historiker, berichtet, „dem Namen nach eine Demokratie, aber in Wahrheit die Herrschaft des ersten Mannes" - infolge der Macht seiner Rede. Tüchtige Männer waren ja auch Kimon, Ephialtes[24] und Thukydides[25]. Als jedoch letzterer vom Spartanerkönig Archidamos[26] gefragt wurde, ob er oder Perikles im Ringkampf besser sei. antwortete er: „Das weiß wohl keiner; wenn ich ihn zu Boden geworfen habe, behauptet er, gar nicht gefallen zu sein, überzeugt davon die Zuschauer und siegt so. Diese Fähigkeit be-

Τοῦτο δ' οὐκ αὐτῷ μόνον ἐκείνῳ δόξαν ἀλλὰ καὶ τῇ πόλει σωτηρίαν ἔφερε· πειθομένη γὰρ αὐτῷ τὴν ὑπάρχουσαν εὐδαιμονίαν ἔσῳζε, τῶν δ' ἐκτὸς ἀπείχετο. Νικίας δὲ τὴν αὐτὴν προαίρεσιν ἔχων, πειθοῦς δὲ τοιαύτης ἐνδεὴς
D ὢν καὶ καθάπερ ἀμβλεῖ χαλινῷ τῷ λόγῳ πειρώμενος ἀποστρέφειν τὸν δῆμον, οὐ κατέσχεν οὐδ' ἐκράτησεν, ἀλλ' ᾤχετο βίᾳ φερόμενος εἰς Σικελίαν καὶ συνεκτραχηλιζόμενος. Τὸν μὲν οὖν λύκον οὔ φασι τῶν ὤτων κρατεῖν, δῆμον δὲ καὶ πόλιν ἐκ τῶν ὤτων ἄγειν δεῖ μάλιστα, μὴ καθάπερ ἔνιοι τῶν ἀγυμνάστων περὶ λόγον λαβὰς ἀμούσους καὶ ἀτέχνους ζητοῦντες ἐν τοῖς πολλοῖς τῆς γαστρὸς ἕλκουσιν εὐωχοῦντες ἢ τοῦ βαλλαντίου διδόντες ἢ πυρρίχας τινὰς ἢ μονομάχων θεάματα παρασκευάζοντες ἀεὶ δημαγωγοῦσι, μᾶλλον δὲ δημοκοποῦσι· δημαγωγία γὰρ ἡ διὰ λόγου πειθόντων ἐστίν, αἱ δὲ τοιαῦται τιθασεύσεις τῶν
E ὄχλων οὐδὲν ἀλόγων ζῴων ἄγρας καὶ βουκολήσεως διαφέρουσιν.

6. Ὁ μέντοι λόγος ἔστω τοῦ πολιτικοῦ μήτε νεαρὸς καὶ θεατρικός, ὥσπερ πανηγυρίζοντος καὶ στεφανηπλοκοῦντος ἐξ ἁπαλῶν καὶ ἀνθηρῶν ὀνομάτων, μήτ' αὖ πάλιν, ὡς ὁ Πυθέας τὸν Δημοσθένους ἔλεγεν, ἐλλυχνίων ὄζων καὶ σοφιστικῆς περιεργίας, ἐνθυμήμασι πικροῖς καὶ περιόδοις πρὸς κανόνα καὶ διαβήτην ἀπηκριβωμένος· ἀλλ' ὥσπερ οἱ μουσικοὶ τὴν θίξιν ἀξιοῦσι τῶν χορδῶν ἠθικὴν καταφαίνεσθαι, μὴ κρουστικήν, οὕτως τῷ λόγῳ τοῦ πολιτευομένου καὶ συμβουλεύοντος καὶ ἄρχοντος ἐπιφαινέσθω
F μὴ δεινότης μηδὲ πανουργία, μηδ' εἰς ἔπαινον αὐτοῦ τιθέσθω τὸ „ἐκτικῶς" ἢ „τεχνικῶς" ἢ „διαιρετικῶς", ἀλλ' ἤθους ἀπλάστου καὶ φρονήματος ἀληθινοῦ καὶ παρρησίας πατρικῆς καὶ προνοίας καὶ συνέσεως κηδομένης ὁ λόγος

scherte nicht nur ihm persönlich Ruhm, sondern auch dem Staat Wohlfahrt. Solange Athen auf ihn hörte, bewahrte es sein gegenwärtiges Glück und hielt sich von Unternehmungen in der Ferne zurück. Nikias[27] dagegen, der denselben Grundsatz vertrat, dem es aber an so starker Überzeugungskraft mangelte, und der mit seinem Redetalent wie mit einem schlaffen Zügel das Volk von seinem Vorhaben wegzulenken versuchte, bekam es nicht in den Griff und in seine Gewalt, sondern er wurde wider seinen Willen von ihm nach Sizilien entsandt und ging dort gemeinsam mit ihm zugrunde. Wie man so sagt, kriegt man den Wolf nicht an seinen Ohren in die Gewalt, aber ein Volk muss man in allererster Linie mit Hilfe der Ohren führen, damit nicht so verfahren wird, wie es einige anstellen, denen die Übung im Reden fehlt: sie suchen am Volk nach plumpen, grobschlächtigen Angriffspunkten und ziehen es dann am Bauch, das heißt, durch Darbieten von Banketten, oder an seinem Geldbeutel, das heißt, durch Spenden, oder sie führen, besser gesagt, sie ködern es ständig durch Veranstalten von irgendwelchen Waffentänzen oder Schaukämpfen von Gladiatoren. Führung eines Volks bedeutet nämlich die Führung von Bürgern, die sich durch das Wort überzeugen lassen. Solche Arten Menschenmengen fügsam zu machen unterscheiden sich in keiner Weise von dem Einfangen und Aufziehen unvernünftiger Tiere.

6. Die Rede des Staatsmannes sei jedoch weder jugendhaftüberschwänglich und theatralisch wie bei einem Festtagsredner und einem, der aus blumigen und köstlichen Wörtern einen Kranz bindet, andererseits aber auch nicht von der Art, wie Pytheas den Stil des Demosthenes[28] charakterisierte: er rieche nach der Öllampe und nach schweißtreibender sophistischer Ausarbeitung, sei spitzfindig in den Gedankengängen und akkurat mit Zirkel und Lineal aus Perioden geformt. Wie die Musiker verlangen, dass der auf Saiten erzeugte Klang edel gesinnt und nicht aufreizendrauschhaft ertönt, so sollen in den Reden des Politikers, bei seinen Ratschlägen und bei Staatsreden, nicht Redegewandtheit und nicht Vielseitigkeit unter Beweis gestellt werden, und das ihm

803 ἔστω μεστός, ἐπὶ τῷ καλῷ τὸ κεχαρισμένον ἔχων καὶ ἀγωγὸν ἔκ τε σεμνῶν ὀνομάτων καὶ νοημάτων ἰδίων καὶ πιθανῶν. Δέχεται δ' ὁ πολιτικὸς λόγος δικανικοῦ μᾶλλον καὶ γνωμολογίας καὶ ἱστορίας καὶ μύθους καὶ μεταφοράς, αἷς μάλιστα κινοῦσιν οἱ χρώμενοι μετρίως καὶ κατὰ καιρόν· ὡς ὁ εἰπὼν "μὴ ποιήσητε ἑτερόφθαλμον τὴν Ἑλλάδα", καὶ Δημάδης τὰ ναυάγια λέγων πολιτεύεσθαι τῆς πόλεως καὶ Ἀρχίλοχος

μηδ' ὁ Ταντάλου λίθος
τῆσδ' ὑπὲρ νήσου κρεμάσθω,

καὶ Περικλῆς τὴν λήμην τοῦ Πειραιῶς ἀφελεῖν κελεύων, καὶ Φωκίων ἐπὶ τῆς Λεωσθένους νίκης καλὸν τὸ στάδιον
B εἶναι, δεδιέναι δὲ τοῦ πολέμου τὸν δόλιχον. Καθόλου δ' ὁ μὲν ὄγκος καὶ τὸ μέγεθος τῷ πολιτικῷ μᾶλλον ἁρμόττει, παράδειγμα δ' οἵ τε Φιλιππικοὶ καὶ τῶν Θουκυδίδου
δημηγοριῶν ἡ Σθενελα°ΐ°δα τοῦ ἐφόρου καὶ
Ἀρχιδάμου τοῦ βασιλέως <ἡ> ἐν Πλαταιαῖς καὶ Περικλέους ἡ μετὰ τὸν λοιμόν. Ἐπὶ δὲ τῶν Ἐφόρου καὶ Θεοπόμπου καὶ Ἀναξιμένους ῥητορειῶν καὶ περιόδων, ἃς περαίνουσιν ἐξοπλίσαντες τὰ στρατεύματα καὶ παρατάξαντες, ἔστιν εἰπεῖν

οὐδεὶς σιδήρου ταῦτα μωραίνει πέλας.

zugerufene „wie routiniert!", „wie kunstverständig!" und „wie nuanciert!" sollte nicht als Auszeichnung gelten; vielmehr sei seine Rede erfüllt von ungekünstelten Gefühlen, von Wahrheitsliebe, und ererbtem Freimut, von sorgendem Vorausdenken und von Verständnis, und neben ihrem trefflichen Gehalt besitze die Rede noch jenes Bezaubernde und Mitreißende, erwirkt durch eine gehobene Ausdrucksweise und Gedankengänge, die der Person eigentümlich sind und dabei glaubwürdig. Die politische Rede verträgt eher als die Gerichtsrede Sentenzen, Anekdoten, Fabeln und bildliche Vergleiche; mit letzteren beeindrucken am meisten die Redner, die davon maßvoll und im rechten Augenblick Gebrauch machen, wie jener mit seinem Ausspruch: „Macht Hellas nicht einäugig!" und wie Demades[29], der von sich sagte, er verwalte nur noch die Schiffstrümmer des Staates, und Archilochos[30] mit dem Aufruf:

„auch sollte nicht des Tantalos Felsen über unserer Insel schweben", (fr.55 D.)

und Perikles[31], der verlangte, den Dorn im Auge des Piraeus heraus zu ziehen. Phokion[32] wiederum sagte zu dem Sieg des Leosthenes[33]: im kurzen Stadion-Lauf sei das eine schöne Leistung, er fürchte aber für den Dauerlauf des Krieges.
Im Allgemeinen schickt sich der großartige und feierliche Stil recht gut für den Politiker, Beispiele dafür sind die Philippika und von den Staatsreden im Thukydides (I 86.II 72.60.-64.) die des Ephoren Sthenelaidas sowie die des Königs Archidamos in Plataiai und die Rede des Perikles, die er nach dem Ausbruch der Pest hielt. Über die Paradereden und die gekünstelten Perioden des Ephoros, Theopompos oder Anaximenes[34], die sie jeweils ans Ende setzen, wenn sie die Heere sich haben rüsten und Aufstellung nehmen lassen, kann man nur sagen:

„Kein Mensch ist in der Nähe des Schwertes so töricht geschwätzig." (Eur. fr.282,22)

7. Οὐ μὴν ἀλλὰ καὶ σκῶμμα καὶ γελοῖον ἔστιν ὅτε γίγνεται πολιτικοῦ λόγου μέρος, εἰ μὴ πρὸς ὕβριν ἢ C βωμολοχίαν, ἀλλὰ χρησίμως ἐπιπλήττοντος ἢ διασύροντος λέγοιτο. Μάλιστα δ'εὐδοκιμεῖ τὰ τοιαῦτα περὶ τὰς ἀμείψεις καὶ τὰς ἀπαντήσεις· τὸ γὰρ ἐκ παρασκευῆς καὶ κατάρχοντα γελωτοποιοῦντός ἐστι καὶ δόξα κακοηθείας πρόσεστιν, ὡς προσῆν τοῖς Κικέρωνος σκώμμασι καὶ τοῖς Κάτωνος τοῦ πρεσβυτέρου καὶ Εὐξιθέου τοῦ Ἀριστοτέλους συνήθους· οὗτοι γὰρ ἔσκωπτον ἀρχόμενοι πολλάκις. Ἀμυνομένῳ δὲ συγγνώμην ἅμα καὶ χάριν ὁ καιρὸς δίδωσι, καθάπερ Δημοσθένει πρὸς τὸν αἰτίαν ἔχοντα κλέπτειν, χλευάζοντα δ' αὐτοῦ τὰς νυκτογραφίας, „οἶδ' ὅτι σε D λυπῶ λύχνον καίων", καὶ πρὸς Δημάδην βοῶντα „Δημοσθένης ἐμὲ βούλεται διορθοῦν, ἡ ὗς τὴν Ἀθηνᾶν", „αὕτη μέντοι πέρυσιν ἡ Ἀθηνᾶ μοιχεύουσα ἐλήφθη". Χάριεν δὲ καὶ τὸ Ξεναινέτου πρὸς τοὺς πολίτας λοιδοροῦντας αὐτὸν, ὅτι στρατηγὸς ὢν πέφευγε· „Μεθ' ὑμῶν γ', ὦ φίλαι κεφαλαί". Τὸ δ' ἄγαν φυλακτέον ἐν τῷ γελοίῳ καὶ τὸ λυποῦν ἀκαίρως τοὺς ἀκούοντας ἢ τὸν λέγοντα ποιοῦν ἀγεννῆ καὶ ταπεινόν, ὥσπερ τὰ Δημοκράτους· ἀναβαίνων μὲν γὰρ εἰς τὴν ἐκκλησίαν ἔφη, καθάπερ ἡ πόλις, μικρὸν ἰσχύειν καὶ μέγα φυσᾶν· ἐν δὲ τοῖς Χαιρωνικοῖς παρελθὼν E εἰς τὸν δῆμον, „οὐκ ἂν ἐβουλόμην κακῶς οὕτως πεπραχέναι τὴν πόλιν ὥστε κἀμοῦ συμβουλεύοντος ὑμᾶς ἀκούειν"· καὶ γὰρ καὶ τοῦτο μικροῦ κἀκεῖνο μανικοῦ, πολιτικῷ

7. Indes auch Spott und Witz verdienen gelegentlich in der politischen Rede einen Platz, wenn sie nicht zu bloßer Kränkung und unflätiger Herabwürdigung geäußert werden, sondern um dem zu nützen, der den Gegner mit ihnen überrascht und tadelt. Besonderes Ansehen genießt solche Verwendung dort, wo es um Schlagabtausch und rasche Erwiderung geht. Denn so etwas vorzubereiten und als erster zu bringen, ist die Art eines losen Witzbolds, und man bekommt den Ruf der Boshaftigkeit, wie er den Spötteleien von Cicero, Cato Maior[35] und Euxitheos[36], dem Schüler von Aristoteles, anhaftete; denn sie waren oft diejenigen, die damit anfingen. Wer aber Spott von sich abwehrt, dem verschafft das Ergreifen des günstigen Augenblicks Verzeihung und gleichzeitig auch Begünstigung, wie sie Demosthenes für seine Erwiderung an den Mann erhielt, den er wegen Diebstahls in seinem Haus anklagte, und der ihn verhöhnt hatte, weil er zu nächtlicher Stunde Schreibarbeit verrichte: „Mir ist klar, dass ich dich störe, wenn bei mir das Licht brennt." Und für die Erwiderung auf jenen Ausruf des Demades: „Demosthenes will mich belehren - das Schwein die Athena!"[37] „Diese Athena hier wurde im letzten Jahre beim Ehebruch ertappt!" Witzig ist auch die Reaktion von Xenainetos[38] auf den höhnischen Vorwurf seiner Mitbürger, er als Kommandant habe die Flucht ergriffen: „Ja doch - und zwar mit Euch, meine Lieben!" Aber vor Maßlosigkeit beim Gebrauch von Witz und Spott hat man sich zu hüten, ebenso vor dem, was, im unpassenden Augenblick geäußert, das Publikum verprellt oder was den, der es ausspricht, würdelos und kleinmütig erscheinen lässt, wie z.B. die Aussprüche des Demokrates[39]. Er trat nämlich vor die Volksversammlung und verkündete, genauso wie Athen, so habe er schwache Kräfte und eine große Klappe. In den Tagen von Chaironeia stellte er sich vor das Volk und sprach: „Nie hätte ich mir gewünscht, dass die Stadt einmal in eine so schlimme Lage versetzt wäre, dass ihr sogar mich mit meinen Ratschlägen anhören müsst!" In der Tat Äußerungen, hier von Kleinmut, dort von Narrheit, aber einem Staatsmann angemessen ist keine von beiden.

δ' ούδέτερον άρμόττον. Φωκίωνος δέ καί τήν βραχυλογίαν έθαύμαζον. Ὁ γοῦν Πολύευκτος ἀπεφαίνετο ῥήτορα μέγιστον εἶναι Δημοσθένην, δεινότατον δ' εἰπεῖν Φωκίωνα· πλεῖστον γὰρ αὐτοῦ τὸν λόγον ἐν λέξει βραχυτάτῃ νοῦν περιέχειν. Καὶ ὁ Δημοσθένης τῶν ἄλλων καταφρονῶν εἰώθει λέγειν ἀνισταμένου Φωκίωνος· "Ἡ τῶν ἐμῶν λόγων κοπὶς ἀνίσταται".

8. Μάλιστα μὲν οὖν ἐσκεμμένῳ πειρῶ καὶ μὴ διακένῳ τῷ λόγῳ χρῆσθαι πρὸς τοὺς πολλοὺς μετ' ἀσφαλείας,
F εἰδὼς ὅτι καὶ Περικλῆς ἐκεῖνος ηὔχετο πρὸ τοῦ δημηγορεῖν μηδὲ ῥῆμα μηδὲν ἀλλότριον τῶν πραγμάτων ἐπελθεῖν αὐτῷ. Δεῖ δ' ὅμως καὶ πρὸς τὰς ἀπαντήσεις τὸν λόγον
804 εὔστροφον ἔχειν καὶ γεγυμνασμένον· ὀξεῖς γὰρ οἱ καιροὶ καὶ πολλὰ φέροντες ἐν ταῖς πολιτείαις αἰφνίδια. Διὸ καὶ Δημοσθένης ἠλαττοῦτο πολλῶν, ὥς φασι, παρὰ τὸν καιρὸν ἀναδυόμενος καὶ κατοκνῶν· Ἀλκιβιάδην δ' ὁ Θεόφραστος ἱστορεῖ, μὴ μόνον ἃ δεῖ λέγειν ἀλλὰ καὶ ὡς δεῖ βουλευόμενον, πολλάκις ἐν αὐτῷ τῷ λέγειν ζητοῦντα καὶ συντιθέντα τὰς λέξεις ἐνίσχεσθαι καὶ διαπίπτειν. Ὁ δ' ὑπὸ τῶν πραγμάτων αὐτῶν ἀνιστάμενος καὶ ὑπὸ τῶν καιρῶν ἐκπλήττει μάλιστα καὶ προσάγεται τοὺς πολλοὺς καὶ μετατίθησιν. Οἷον ὁ Βυζάντιος Λέων ἧκε δή ποτε τοῖς Ἀθηναίοις στασιάζουσι διαλεξόμενος· ὀφθεὶς δὲ
Β μικρὸς καὶ γελασθείς, "τί δ' " εἶπεν "εἰ τὴν γυναῖκά μου θεάσαισθε μόλις ἐξικνουμένην πρὸς τὸ γόνυ"· πλείων οὖν ἐγένετο γέλως· "Ἀλλ' ἡμᾶς" ἔφη "μικροὺς οὕτως ὄντας, ὅταν διαφερώμεθα πρὸς ἀλλήλους, ἡ Βυζαντίων πόλις οὐ χωρεῖ". Πυθέας δ' ὁ ῥήτωρ, ὅτε πρὸς τὰς Ἀλεξάνδρου τιμὰς ἀντέλεγεν, εἰπόντος τινός "οὕτως σὺ νέος ὢν περὶ πραγμάτων τολμᾷς λέγειν τηλικούτων;" "Καὶ μὴν Ἀλέξανδρος" εἶπεν "ἐμοῦ νεώτερός ἐστιν, ὃν ψηφίζεσθε θεὸν εἶναι".

An Phokion fand außerdem die knappe Ausdrucksweise Bewunderung. Wenigstens äußerte Polyeuktos[40] stets die Meinung, der größte Redner sei Demosthenes, der sprachgewaltigste jedoch Phokion: dessen Rede enthalte die reichste Gedankenfülle in der knappsten Ausdrucksweise. Sogar Demosthenes, der sich den anderen überlegen fühlte, sagte jedes Mal, wenn sich Phokion zum Reden erhob: „Das Schlichtbeil meiner Reden erhebt sich."

8. In erster Linie bemühe dich also, vor dem Volk Reden zu halten, die sorgfältig durchdacht und ohne leere Phrasen sind, ohne Unsicherheit, weil du dir bewusst bist, dass sogar der große Perikles vor einer öffentlichen Rede darum zu beten pflegte, dass kein Wort, das nicht zur Sache gehöre, über seine Lippen kommen möge. Trotzdem ist es erforderlich, auch für die raschen Entgegnungen über ein wendiges und geübtes Sprachvermögen zu verfügen. Rasch vorbei gehen nämlich die dazu günstigen Augenblicke, und sie bewirken in politischen Auseinandersetzungen manch plötzliche Wendungen. Daher geriet sogar Demosthenes gegen viele ins Hintertreffen, so sagt man, weil er den günstigen Augenblick an sich vorbeigehen ließ und zögerte. Und von Alkibiades heißt es in der Erzählung des Theophrast[41]: da er nicht nur, was er zu sagen habe, sondern auch, wie er es ausdrücken solle, hin und her überlegte, suchte und ordnete er oft erst mitten im Sprechen die richtigen Wendungen, blieb dabei hängen und verlor den Faden. Derjenige Redner, der unter dem unmittelbaren Eindruck der Situation und ihrer Möglichkeiten aufsteht und das Wort ergreift, hinterlässt den tiefsten Eindruck, nimmt die Volksmenge für sich ein und stimmt sie um. So kam z.B. in der Absicht zu vermitteln Leon von Byzanz[42] zu den Athenern, die unter einander zerstritten waren. Als man sah, wie klein er war und über ihn lachte, rief er: „Was wird hier erst los sein, wenn ihr euch meine Frau ansehen könntet, die mir kaum bis ans Knie heranreicht?" Nun erscholl noch lauteres Gelächter. „Aber für uns, so klein wir auch sein mögen, hat der Staat Byzanz nicht Platz genug, sollten wir uns irgendwann zerstreiten." Als der Redner Pytheas[43] gegen die Ehrendekrete für Alexander den Großen Einspruch erhob, wo-

9. Δεῖ δὲ καὶ φωνῆς εὐεξίᾳ καὶ πνεύματος ῥώμῃ πρός
οὐ φαῦλον ἀλλὰ πάμμαχον ἀγῶνα τὸν τῆς πολιτείας
C ἠθληκότα κομίζειν τὸν λόγον, ὡς μὴ πολλάκις ἀπαγορεύοντα
καὶ σβεννύμενον ὑπερβάλλοι τις αὐτὸν

ἅρπαξ κεκράκτης, Κυκλοβόρου φωνὴν ἔχων.

Κάτων δέ, περὶ ὧν οὐκ ἤλπιζε πείσειν τῷ προκατέχεσθαι
χάρισι καὶ σπουδαῖς τὸν δῆμον ἢ τὴν βουλήν, ἔλεγε τὴν
ἡμέραν ὅλην ἀναστὰς καὶ τὸν καιρὸν οὕτως ἐξέκρουε.
Περὶ μὲν οὖν τῆς τοῦ λόγου παρασκευῆς καὶ χρείας ἱκανὰ
ταῦτα τῷ δυναμένῳ τὸ ἀκόλουθον προσεξευρίσκειν.

10. Εἰσβολαὶ δὲ καὶ ὁδοὶ δύο τῆς πολιτείας εἰσίν, ἡ μὲν ταχεῖα
καὶ λαμπρὰ πρὸς δόξαν οὐ μὴν ἀκίνδυνος, ἡ δὲ
πεζοτέρα καὶ βραδυτέρα τὸ δ' ἀσφαλὲς ἔχουσα μᾶλλον. Οἱ
D μὲν γὰρ εὐθὺς ὥσπερ ἐξ ἄκρας πελαγίου πράξεως ἐπιφανοῦς καὶ μεγάλης ἐχούσης δὲ τόλμαν ἄραντες ἀφῆκαν
ἐπὶ τὴν πολιτείαν, ἡγούμενοι λέγειν ὀρθῶς τὸν Πίνδαρον ὡς

ἀρχομένου δ' ἔργου πρόσωπον
χρὴ θέμεν τηλαυγές.

rauf ihm jemand vorwarf: „Du, ein so junger Mann, wagst es, über Dinge von so großer Bedeutung zu reden?", entgegnete er: „Und dabei ist doch Alexander, dem ihr soeben durch Abstimmung Göttlichkeit zuerkennt, noch jünger als ich!"

9. Man soll aber auch, was Gesundheit der Stimme und Ausdauer des Atems anbelangt, in einen Wettkampf, den der Politik, der keine einfachen, sondern vielfache Anforderungen stellt, seine Redekunst mitbringen, nachdem man sie gut trainiert hat, damit sie nicht so manches Mal versagend und erlöschend übertönt wird

> „von einem reißerischen Krakeeler, lärmend wie der Kykloboros[44]."
> (Arist. Equ.137)

Cato jedenfalls hatte die Gewohnheit, zu Themen, bei denen er nicht hoffte, das Volk oder den Senat überzeugen zu können, weil diese im Vorhinein durch Geschenke und Parteileidenschaft festgelegt waren, aufzustehen und dann den ganzen Tag zu reden und so die rechtzeitige Abstimmung zu vereiteln.
Über die rechte Vorbereitung auf das Reden und über seinen rechten Gebrauch genügt nun wohl das bisher Gesagte für den, der die Folgerungen daraus zu ziehen und hinzuzufügen vermag.

10. Wege zum Eintritt in die Politik gibt es zwei: der eine ein rasch und strahlend, aber nicht gefahrlos zum Ruhm führender Weg, dagegen der andere ein eher Fußgängern angemessener und langsamer, aber einer, der eher Sicherheit bietet. Die einen nehmen, als ob sie von einer Landspitze aus in See stechen würden, gleich zu Beginn, nach einer glänzenden, großen, aber riskanten Tat Kurs auf das Regieren, in der Überzeugung, Pindar habe Recht mit diesem Wort:

> „muss des beginnenden Werkes Stirne ja doch weithin strahlend man gestalten." (Ol.VI 4f. übs. Oskar Werner, Heimeran)

Καὶ γὰρ δέχονται προθυμότερον οἱ πολλοί, κόρῳ τινὶ καὶ πλησμονῇ τῶν συνήθων τὸν ἀρχόμενον, ὥσπερ ἀγωνιστὴν θεαταί, καὶ τὸν φθόνον ἐκπλήττουσιν αἱ λαμπρὰν ἔχουσαι καὶ ταχεῖαν αὔξησιν ἀρχαὶ καὶ δυνάμεις. Οὔτε γὰρ πῦρ φησιν ὁ Ἀρίστων καπνὸν ποιεῖν οὔτε δόξαν φθόνον, ἢν εὐθὺς ἐκλάμψῃ καὶ ταχέως, ἀλλὰ τῶν κατὰ μικρὸν αὐξανομένων καὶ σχολαίως ἄλλον ἀλλαχόθεν ἐπιλαμβάνεσθαι. Διὸ πολλοὶ πρὶν ἀνθῆσαι περὶ τὸ βῆμα κατεμαράνθησαν. Ὅπου δ', ὥσπερ ἐπὶ τοῦ Λάδα λέγουσιν,

ὁ ψόφος ἦν ὕσπληγος ἐν οὔασιν

ἔνθα καὶ „στεφανοῦτο", πρεσβεύων ἢ θριαμβεύων ἢ στρατηγῶν ἐπιφανῶς, οὔθ' οἱ φθονοῦντες οὔθ' οἱ καταφρονοῦντες ὁμοίως ἐπὶ τούτων ἰσχύουσιν. Οὕτως παρῆλθεν εἰς δόξαν Ἄρατος, ἀρχὴν ποιησάμενος πολιτείας τὴν Νικοκλέους τοῦ τυράννου κατάλυσιν· οὕτως Ἀλκιβιάδης, τὰ Μαντινικὰ συστήσας ἐπὶ Λακεδαιμονίους. Πομπήιος δὲ καὶ θριαμβεύειν ἠξίου μήπω παριὼν εἰς σύγκλητον· οὐκ ἐῶντος δὲ Σύλλα, „πλείονες" ἔφη „τὸν ἥλιον ἀνατέλλοντα προσκυνοῦσιν ἢ δυόμενον"· καὶ Σύλλας ὑπεῖξε τοῦτ' ἀκούσας. Καὶ Σκιπίωνα δὲ Κορνήλιον οὐκ ἀφ' ἧς ἔτυχεν ἀρχῆς ὁ Ῥωμαίων δῆμος ἀγορανομίαν μετερχόμενον ἐξαίφνης ὕπατον ἀπέδειξε παρὰ τὸν νόμον, ἀλλὰ θαυμάσας αὐτοῦ μειρακίου μὲν ὄντος τὴν ἐν Ἰβηρίᾳ μονομαχίαν καὶ νίκην, μικρὸν δ' ὕστερον τὰ πρὸς Καρχηδόνι χιλιαρχοῦντος ἔργα, περὶ ὧν καὶ Κάτων ὁ πρεσβύτερος ἀνεφώνησεν

Zum einen empfängt die Volksmenge aus einem gewissen Überdruss und aus Übersättigung an den gewohnten Gesichtern bereitwilliger den Anfänger, so wie Zuschauer bei Wettkämpfen einen neuen Kämpfer. Zum anderen scheucht Amtsautorität und Machtausübung, die einen glänzenden und raschen Aufschwung nimmt, den üblichen Hass und Neid hinweg. Denn das Feuer, so spricht Ariston, macht keinen Rauch, und der Ruhm keinen Neid, wenn sie unverzüglich und rasch aufleuchten. Dagegen ist unter denen, die sich in kleinen Schritten und langsam hocharbeiten, der eine von dieser der andere von jener Seite Angriffen ausgesetzt. Ehe sie mit Reden und Raten vor dem Volk zu Glanz und Blüte gelangten, sind daher viele am Boden verwelkt. Aber überall, wo man ähnlich wie von Ladas[45] von jemand sagt:

> „der Aufschlag des Startseils tönte noch im Ohr – da empfing er schon den Siegeskranz" (Anthol. Pal. XI 86)

sei es für die glanzvolle Durchführung einer Gesandtschaft, eines Triumphs oder eines Feldzugs, dort haben bei solchen Erfolgen die Neider und Verächter keine gleich große Macht. Auf solche Weise kam Aratos[46] zu Ruhm, nachdem er den Sturz des Tyrannen Nikokles zu seiner ersten Aktion in der Politik machte. Auf gleiche Weise Alkibiades[47], als er gegen die Lakedaimonier das Bündnis mit Mantineia zustande brachte. Und Pompeius[48] verlangte sogar, einen Triumph feiern zu dürfen, als er noch nicht zum Senat gehörte. Als Sulla[49] ihm das nicht gestattete, erklärte er: „Mehr Anbeter hat die aufgehende Sonne als die untergehende." Als er das hörte, gab Sulla seinen Widerstand auf. Auch den Cornelius Scipio[50] hat das römische Volk nicht wegen des erlangten Amtes – er kandidierte erst für das des Aedilen - plötzlich gegen den Brauch zum Konsul ernannt, sondern aus Bewunderung für jenen Sieg im Zweikampf, den er als junger Mann in Spanien errungen hatte, und für seine kurz danach in Karthago erbrachten Leistungen als Militärtribun, über die selbst Cato ausrief:

οἷος πέπνυται, τοὶ δὲ σκιαὶ ἀίσσουσιν.

Νῦν οὖν ὅτε τὰ πράγματα τῶν πόλεων οὐκ ἔχει πολέ-
μων ἡγεμονίας οὐδὲ τυραννίδων καταλύσεις οὐδὲ συμ-
μαχικὰς πράξεις, τίν' ἂν τις ἀρχὴν ἐπιφανοῦς λάβοι καὶ
λαμπρᾶς πολιτείας; αἱ δίκαι τε λείπονται αἱ δημόσιαι καὶ
πρεσβεῖαι πρὸς αὐτοκράτορα ἀνδρὸς διαπύρου καὶ θάρσος
ἅμα καὶ νοῦν ἔχοντος δεόμεναι. Πολλὰ δ' ἔστι καὶ τῶν παρ-
B ειμένων ἐν ταῖς πόλεσι καλῶν ἀναλαμβάνοντα καὶ τῶν
ἐξ ἔθους φαύλου παραδυομένων ἐπ' αἰσχύνῃ τινὶ τῆς πόλεως ἢ βλάβῃ μεθιστάντα πρὸς αὑτὸν ἐπιστρέφειν. Ἤδη
δὲ καὶ δίκη μεγάλη καλῶς δικασθεῖσα καὶ πίστις ἐν συνη-
γορίᾳ πρὸς ἀντίδικον ἰσχυρὸν ὑπὲρ ἀσθενοῦς καὶ παρρη-
σία πρὸς ἡγεμόνα μοχθηρὸν ὑπὲρ τοῦ δικαίου κατέστησεν
ἐνίους εἰς ἀρχὴν πολιτείας ἔνδοξον. Οὐκ ὀλίγοι δὲ καὶ δι'
ἔχθρας ηὐξήθησαν, ἐπιχειρήσαντες ἀνθρώποις ἐπίφθονον
ἔχουσιν ἀξίωμα καὶ φοβερόν· εὐθὺς γὰρ ἡ τοῦ καταλυθέν-
τος ἰσχὺς τῷ κρατήσαντι μετὰ βελτίονος δόξης ὑπάρχει.
C Τὸ μὲν γὰρ ἀνδρὶ χρηστῷ καὶ δι' ἀρετὴν πρωτεύοντι προσ-
μάχεσθαι κατὰ φθόνον, ὡς Περικλεῖ Σιμμίας Ἀλκμαίων δὲ
Θεμιστοκλεῖ Πομπηίῳ δὲ Κλώδιος Ἐπαμεινώνδᾳ δὲ
Μενεκλείδης ὁ ῥήτωρ, οὔτε πρὸς δόξαν καλὸν οὔτ' ἄλλως
συμφέρον· ὅταν γὰρ ἐξαμαρτόντες οἱ πολλοὶ πρὸς ἄνδρα
χρηστόν, εἴθ', ὃ γίνεται ταχέως ἐπ' ὀργῇ, μετανοήσωσι,
πρὸς τοῦτο τὴν ῥᾴστην ἀπολογίαν δικαιοτάτην νομίζουσιν
ἐπιτρῖψαι τὸν ἀναπείσαντα καὶ καταρξάμενον. Τὸ μέντοι

„Er allein ist verständig, die andern sind flatternde Schatten!"
(Od.10,495)

In den jetzigen Zeiten, wo zum Regierungsgeschäft der Staaten nicht das Führen von Kriegen, auch kein Beseitigen von Tyranneien und Aushandeln von Militärbündnissen gehört, wonach könnte einer da zum Auftakt einer eindrucksvollen, politischen Laufbahn greifen? Es bleiben ihm die öffentlichen Prozesse, aber auch die Gesandtschaften zum Kaiser, zu denen ein Mann benötigt wird, der für seine Aufgabe brennt und gleichermaßen Mut wie Vernunft besitzt. Ferner besteht die Möglichkeit, vieles an schönen Sitten, die in den Staaten aus der Mode gekommen sind, wieder zum Leben zu erwecken und vieles andere, was sich infolge schlechter Gewohnheiten zu Schande und Schaden des Staates eingeschlichen hat, zu verbessern und dadurch die öffentliche Aufmerksamkeit auf sich zu ziehen. Endlich hat auch schon der große, gerecht entschiedene Prozess, die verlässliche Betreuung eines schwachen Mandanten gegen einen starken Gegner und das freimütige Eintreten für Gerechtigkeit einem schlechten Statthalter gegenüber schon manchen Politikern einen ruhmreichen Start in die Politik beschert. Nicht wenige gewannen an Macht infolge einer Feindschaft, weil sie Menschen angegriffen hatten, die allgemein als verhasst und furchteinflößend galten. Ab sofort gehört ja die Macht des Gestürzten und daneben ein höheres Ansehen dem Überwinder. Dass man Kämpfe führt gegen einen anständigen und dank seiner Tüchtigkeit prominenten Bürger, nur aus Hass und Neid, wie es gegen Perikles der Simmias[51], der Alkmaion[52] gegen Themistokles, gegen Pompeius der Clodius[53] und gegen Epameinondas der Rhetor Menekleides[54] taten, das erhöht weder das Ansehen noch verschafft es auf andere Weise Vorteile. Wenn das Volk nämlich einem anständigen Mann einmal Kränkungen zugefügt hat, danach aber, wie es nach einem Zornausbruch schnell erfolgt, von Reue erfasst wird, dann erscheint ihm als die gerechteste Entschuldigung für sein Verhalten die, welche die bequemste ist: auf den Mann einzudreschen, der es überredet und dazu den Auftakt gegeben hatte. Dass man jedoch gegen

φαῦλον ἄνθρωπον, ἀπονοίᾳ δὲ καὶ δεινότητι πεποιημένον ὑφ' αὑτῷ τὴν πόλιν, οἷος ἦν Κλέων Ἀθήνησι καὶ Κλεο-
D φῶν, ἐπαναστάντα καθελεῖν καὶ ταπεινῶσαι λαμπρὰν ποιεῖται τὴν πάροδον ὥσπερ δράματος τῆς πολιτείας. Οὐκ ἀγνοῶ δ' ὅτι καὶ βουλήν τινες ἐπαχθῆ καὶ ὀλιγαρχικὴν κολούσαντες, ὥσπερ Ἐφιάλτης Ἀθήνησι καὶ Φορμίων παρ' Ἠλείοις, δύναμιν ἅμα καὶ δόξαν ἔσχον· ἀλλὰ μέγας ἀρχομένῳ πολιτείας οὗτος ὁ κίνδυνός ἐστι. Διὸ βελτίονα Σόλων ἔλαβεν ἀρχήν, διεστώσης εἰς τρία μέρη τῆς πόλεως, τὸ τῶν Διακρίων λεγόμενον καὶ τὸ τῶν Πεδιέων καὶ τὸ τῶν Παραλίων· οὐδενὶ γὰρ ἐμμίξας ἑαυτὸν, ἀλλὰ κοινὸς ὢν πᾶσι καὶ πάντα λέγων καὶ πράττων πρὸς ὁμό-
E νοιαν ᾑρέθη νομοθέτης ἐπὶ τὰς διαλύσεις καὶ κατέστησεν οὕτω τὴν ἀρχήν. Ἡ μὲν οὖν ἐπιφανεστέρα πάροδος εἰς τὴν πολιτείαν τοσαύτας ἔχει καὶ τοιαύτας ἀρχάς.

11. Τὴν δ' ἀσφαλῆ καὶ σχολαίαν εἵλοντο πολλοὶ τῶν ἐνδόξων, Ἀριστείδης, Φωκίων, Παμμένης ὁ Θηβαῖος, Λεύκολλος ἐν Ῥώμῃ, Κάτων, Ἀγησίλαος ὁ Λακεδαιμόνιος· τούτων γὰρ ἕκαστος, ὥσπερ οἱ κιττοὶ τοῖς ἰσχύουσι
F τῶν δένδρων περιπλεκόμενοι συνεξανίστανται, προσδραμὼν ἀνδρὶ πρεσβυτέρῳ νέος ἔτι καὶ ἄδοξος ἐνδόξῳ, κατὰ μικρὸν αἰρόμενος ὑπὸ τῆς περὶ ἐκεῖνον δυνάμεως καὶ συναυξανόμενος ἤρεισε καὶ κατερρίζωσεν ἑαυτὸν εἰς τὴν πολιτείαν. Ἀριστείδην μὲν γὰρ ηὔξησε Κλεισθένης καὶ Φωκίωνα Χαβρίας, Λεύκολλον δὲ Σύλλας Κάτωνα δὲ Μάξιμος, Ἐπαμεινώνδας δὲ Παμμένη καὶ Λύσανδρος Ἀγησίλαον· ἀλλ' οὗτος μὲν διὰ φιλοτιμίας ἀκαίρου καὶ ζηλοτυπίας δόξαν ὑβρίσας ἀπέρριψε ταχὺ τὸν καθηγεμόνα τῶν πρακτέων· οἱ δ' ἄλλοι καλῶς καὶ πολιτικῶς
806 ἄχρι τέλους ἐθεράπευσαν καὶ συνεπεκόσμησαν ὥσπερ τὰ πρὸς ἥλιον ὑφιστάμενα σώματα τὸ λαμπρῦνον αὐτοὺς πάλιν ἀφ' ἑαυτῶν αὔξοντες καὶ συνεκφωτίζοντες. Οἱ

einen nichtswürdigen Kerl, der hemmungslos und schlau die Bürgerschaft in seine Gewalt gebracht hat, wie Kleon und Kleophon[55] in Athen, Widerstand leistet, ihn niederzwingt und demütigt, das lässt die Eröffnung der politischen Laufbahn strahlend aufleuchten, wie wenn es die Eröffnungsszene im Theater wäre.
Es ist mir nicht unbekannt, dass einige, wie Ephialtes in Athen und Phormio[56] bei den Eleern, auch dadurch Macht und zugleich Ansehen erwarben, dass sie einem verhassten oligarchischen Ratskollegium die Befugnisse beschnitten. Doch groß ist hier für einen, der mit der Politik gerade beginnt, das Risiko. Darum griff Solon[57] zu einer besseren Anfangsmaßnahme, als Athen in drei Parteien, die sogenannte Partei der Diakrier, die der Pedieer und die der Paralier zerfallen war. Weil er mit keiner Partei gemeinsame Sache machte, sondern ein gemeinsamer Partner aller blieb und in all seinem Reden und Handeln für die Eintracht eintrat, wurde er zum Gesetzgeber für das Versöhnungswerk erwählt und gewann so die Regierungsgewalt. Was also den glänzenderen Weg in die Politik betrifft, so umfasst er so viele und so verschiedene Arten ihn zu eröffnen.

11. Das sichere und langsame Erscheinen in der Öffentlichkeit wählten viele unter den Berühmtheiten: Aristeides[58], Phokion, der Thebaner Pammenes, in Rom Lukullus, Cato und Agesilaos, der Lakedaimonier. Denn jeder von ihnen erstrebte, ebenso wie Epheu, der sich um starke Bäume windend mit diesen emporwächst, als junger Mann die Nähe eines älteren und als unbekannter die eines bekannten Mannes, wurde dann in kleinen Stufen von dessen Macht hochgehoben und drängte und wurzelte sich fest in die Staatsverwaltung ein. Den Aristeides förderte Kleisthenes, den Phokion Chabrias, den Lukullus[59] Sulla, den Cato Maximus[60], Epameinondas den Pammenes[61] und Lysandros[62] den Agesilaos. Weil jedoch Agesilaos Lysandros verdächtigte, übertrieben ehrgeizig und eifersüchtig zu sein, kündigte er seinem Anführer zu rechtem politischen Handeln schon bald die Gefolgschaft auf, womit er ihm Unrecht tat. Aber die anderen kümmerten sich in anständiger und einem Politiker angemessener Weise bis zuletzt

γοῦν Σκιπίωνι βασκαίνοντες ὑποκριτὴν αὐτὸν ἀπεφαίνοντο τῶν πράξεων ποιητὴν δὲ Λαίλιον τὸν ἑταῖρον, ὁ δὲ Λαίλιος ὑπ' οὐδενὸς ἐπήρθη τούτων ἀλλ' ἀεὶ διετέλησε τῇ Σκιπίωνος ἀρετῇ καὶ δόξῃ συμφιλοτιμούμενος. Ἀφράνιος δὲ Πομπηίου φίλος, εἰ καὶ πάνυ ταπεινὸς ἦν, ὅμως ἐπίδοξος ὢν ὕπατος αἱρεθήσεσθαι, Πομπηίου σπουδάζοντος ἑτέροις ἀπέστη τῆς φιλοτιμίας, εἰπὼν οὐκ ἂν οὕτω λαμ-
B πρὸν αὑτῷ γενέσθαι τὸ τυχεῖν ὑπατείας, ὡς ἀνιαρὸν ἅμα καὶ δυσχερές, εἰ Πομπηίου μὴ θέλοντος μηδὲ συμπράττοντος· ἐνιαυτὸν οὖν ἀνασχόμενος μόνον οὔτε τῆς ἀρχῆς ἀπέτυχε καὶ τὴν φιλίαν διετήρησε. Τοῖς δ' οὕτω χειραγωγουμένοις ὑφ' ἑτέρων ἐπὶ δόξαν ἅμα συμβαίνει χαρίζεσθαί τε πολλοῖς, κἄν τι συμβαίνῃ δύσκολον ἧττον ἀπεχθάνεσθαι· διὸ καὶ Φίλιππος Ἀλεξάνδρῳ παρῄνει κτᾶσθαι φίλους, ἕως ἔξεστι, βασιλεύοντος ἑτέρου πρὸς χάριν ὁμιλοῦντα καὶ φιλοφρονούμενον.

12. Αἱρεῖσθαι δὲ δεῖ τὸν ἀρχόμενον πολιτείας ἡγεμόνα μὴ ἁπλῶς τὸν ἔνδοξον καὶ δυνατόν, ἀλλὰ καὶ τὸν δι'
C ἀρετὴν τοιοῦτον. Ὡς γὰρ οὐ πᾶν δένδρον ἐθέλει προσίεσθαι καὶ φέρειν περιπλεκομένην τὴν ἄμπελον ἀλλ' ἔνια καταπνίγει καὶ διαφθείρει τὴν αὔξησιν αὐτῆς, οὕτως ἐν ταῖς πόλεσιν οἱ μὴ φιλόκαλοι, φιλότιμοι δὲ καὶ φίλαρχοι μόνον, οὐ προίενται τοῖς νέοις πράξεων ἀφορμάς, ἀλλ' ὥσπερ τροφὴν ἑαυτῶν τὴν δόξαν ἀφαιρουμένους πιέζουσιν ὑπὸ φθόνου καὶ καταμαραίνουσιν· ὡς Μάριος ἐν Λιβύῃ καὶ πάλιν

um ihre Beschützer und trugen zu ihrer Ehrung bei, indem sie wie die der Sonne zugewandten Himmelskörper das sie anstrahlende Licht wiederum von sich aus nochmals vermehrten und aufhellten. Zum Beispiel verkündeten Scipios Neider öffentlich, er sei nur Darsteller der bekannten Taten, ihr Täter aber sei der Freund Laelius; doch Laelius ließ sich durch keine dieser Behauptungen zur Selbstüberschätzung verleiten, sondern eiferte nur weiterhin Scipios Größe und Ruhm nach. Afranius[63], ein Freund von Pompeius, ein Mann von ganz niedriger Herkunft, konnte dessen ungeachtet damit rechnen, zum Konsul gewählt zu werden. Als Pompeius andere Bewerber begünstigte, ließ er von seinem ehrgeizigen Ziel ab und erklärte: das Konsulat zu bekommen würde ihn nicht in eine solche Herrlichkeit versetzen wie umgekehrt in Peinlichkeit und Abscheu, wenn er es ohne Einwilligung und Mitwirkung von Pompeius erlangen würde. Nachdem er nur ein Jahr in Ruhe abgewartet hatte, stand seinem Bemühen um das Amt nichts im Wege, und obendrein bewahrte er sich die Freundschaft. Denen, die in solcher Weise an der Hand anderer zu öffentlichem Ansehen geführt werden, wird gleichzeitig zuteil, dass sie beim Volke beliebt sind und seiner Ungnade weniger ausgesetzt sind, falls ihnen einmal ein ärgerlicher Missgriff unterläuft. Darum gab auch Philipp dem Alexander den Ratschlag, er möge Freunde gewinnen, solange es möglich sei, indem er sich während der Herrschaft eines anderen im Umgang liebenswürdig und freundschaftlich erweise.

12. Zum Anführer soll einer, der mit der Politik beginnt, nicht einfach den Berühmten und Mächtigen erwählen, sondern auch den, der dank Tüchtigkeit so berühmt ist. Denn wie nicht jeder Baum bereitwillig die rankende Rebe an sich heranlässt und trägt, vielmehr manche Bäume sie ersticken und ihr Wachstum vernichten, so bieten in den Staaten die nicht nach Rühmlichem, sondern nach Ehrungen und Herrschaft trachtenden Männer keine Gelegenheiten zu Taten, sondern drücken sie, als ob sie ihnen die eigene Nahrung – ihren Ruhm – wegnähme, aus Missgunst zu Boden und lassen sie gänzlich verdorren. Wie denn zum Beispiel Marius[64], nachdem er in Libyen und dann in Gallien dank Sulla[65]

ἐν Γαλατίᾳ πολλὰ διὰ Σύλλα κατορθώσας ἐπαύσατο χρώμενος, ἀχθεσθεὶς μὲν αὐτοῦ τῇ αὐξήσει, πρόφασιν δὲ τὴν
σφραγῖδα ποιησάμενος· ὁ γὰρ Σύλλας, ὅτε τῷ Μαρίῳ
D στρατηγοῦντι ταμιεύων συνῆν ἐν Λιβύῃ, πεμφθεὶς ὑπ'
αὐτοῦ πρὸς Βόκχον ἤγαγεν Ἰογόρθαν αἰχμάλωτον· οἷα δὲ
νέος φιλότιμος, ἄρτι δόξης γεγευμένος, οὐκ ἤνεγκε μετρίως
τὸ εὐτύχημα, γλυψάμενος δ' εἰκόνα τῆς πράξεως
ἐν σφραγῖδι τὸν Ἰογόρθαν αὐτῷ παραδιδόμενον
ἐφόρει· καὶ τοῦτ' ἐγκαλῶν Μάριος ἀπέρριψεν αὐτόν·
ὁ δὲ πρὸς Κάτουλον καὶ Μέτελλον ἄνδρας ἀγαθοὺς καὶ
Μαρίῳ διαφόρους μεταστὰς ταχὺ τὸν Μάριον ἐξήλασε
καὶ κατέλυσε, τῷ ἐμφυλίῳ πολέμῳ μικροῦ δεήσαντα τὴν
Ῥώμην ἀνατρέψαι. Σύλλας μέντοι καὶ Πομπήιον ἐκ
E νέου μέγαν ἦρεν ὑπεξανιστάμενος αὐτῷ καὶ τὴν κεφαλὴν
ἀποκαλυπτόμενος ἐπιόντι, καὶ τοῖς ἄλλοις νέοις πράξεων
ἡγεμονικῶν μεταδιδοὺς ἀφορμάς, ἐνίους δὲ καὶ παροξύνων
ἄκοντας, ἐνέπλησε φιλοτιμίας καὶ ζήλου τὰ στρατεύματα·
καὶ πάντων ἐκράτησε βουλόμενος εἶναι μὴ μόνος ἀλλὰ
πρῶτος καὶ μέγιστος ἐν πολλοῖς καὶ μεγάλοις. Τούτων
οὖν ἔχεσθαι δεῖ τῶν ἀνδρῶν καὶ τούτοις ἐμφύεσθαι, μή,
καθάπερ ὁ Αἰσώπου βασιλίσκος ἐπὶ τῶν ὤμων τοῦ ἀετοῦ
κομισθεὶς αἰφνίδιον παρεξέπτη καὶ προέφθασεν, οὕτως
τὴν ἐκείνων δόξαν ὑφαρπάζοντας αὐτούς, ἀλλὰ παρ' ἐκείνων ἅμα μετ' εὐνοίας καὶ φιλίας λαμβάνοντας, ὡς οὐδ'
ἄρξαι καλῶς τοὺς μὴ πρότερον ὀρθῶς δουλεύσαντας, ᾗ
φησιν ὁ Πλάτων δυναμένους.

viele Erfolge gefeiert hatte, auf dessen weitere Dienste verzichtete; er nahm ihm seinen Aufstieg übel, aber zum Vorwand nahm er seinen Siegelring. Denn als Sulla unter Marius, der den Feldzug in Libyen befehligte, als Quaestor diente, brachte er, von ihm gegen Bocchus ausgesandt, den Jugurtha als seinen Gefangenen zurück. Als ein ehrgeiziger junger Mann, der soeben vom Ruhm gekostet hatte, genoss Sulla den Erfolg nicht in maßvoller Weise, sondern er ließ sich als Abbild seiner Heldentat die Szene, wie Jugurtha ihm ausgeliefert wird, auf einem Siegelring eingravieren und trug diesen immer am Finger. Und dies verübelte ihm Marius und ging auf Distanz. Er aber schlug sich auf die Seite von Catulus[66] und Metellus[67], tüchtigen und mit Marius verfeindeten Männern, und schon bald glückte ihm die Verbannung und Entmachtung des Marius, der durch den Bürgerkrieg Rom beinahe in den Abgrund gestürzt hätte. Sulla dagegen hob zum einen den Pompeius von Jugend an als einen großen heraus, indem er sich vor ihm erhob und bei Begegnungen sein Haupt entblößte, er gab aber auch den anderen jungen Männern Gelegenheiten, Führungsaufgaben zu bewältigen, und spornte manche Unwilligen dazu an, und erfüllte auf solche Weise seine Truppen mit Ehrgeiz und Feuereifer. Er beherrschte alle und wollte dabei nicht der einzige Große, sondern unter vielen Großen nur der Erste und Größte sein.

Solche Männer sind es also, denen die jungen Leute treu anhängen und denen sie sich anvertrauen sollen, ohne sich selber heimlich den Ruhm, den jene gewinnen, anzueignen, wie es der Zaunkönig bei Aesop tat, der sich auf den Schultern des Adlers hochtragen ließ und von dort plötzlich emporflog und dem Adler zuvorkam. Vielmehr aus deren Händen entgegennehmen sollen sie Ruhm und mit ihm verbunden Freundschaft und Zuneigung, weil diejenigen, die vorher nicht richtig zu dienen vermochten, ja auch nicht gut zu regieren vermögen. wie Platon (Leg.VI 762e) sagt.

13. Ἕπεται δὲ τούτοις ἡ περὶ φίλων κρίσις, μήτε τὴν Θεμιστοκλέους ἐπαινοῦσα μήτε τὴν Κλέωνος διάνοιαν. Ὁ μὲν γὰρ Κλέων, ὅτε πρῶτον ἔγνω τῆς πολιτείας ἅπτεσθαι, τοὺς φίλους συναγαγὼν εἰς ταὐτὸ διελύσατο τὴν φιλίαν πρὸς αὐτούς, ὡς πολλὰ τῆς ὀρθῆς καὶ δικαίας προαιρέσεως μαλάσσουσαν ἐν τῇ πολιτείᾳ καὶ παράγουσαν· ἄμεινον δ' ἂν ἐποίησε τὴν φιλοπλουτίαν ἐκβαλὼν

807 τῆς ψυχῆς καὶ τὴν φιλονεικίαν καὶ φθόνου καὶ κακοηθείας καθήρας αὑτόν· οὐ γὰρ ἀφίλων αἱ πόλεις ἀνδρῶν καὶ ἀνεταίρων ἀλλὰ χρηστῶν καὶ σωφρόνων δέονται· νυνὶ δὲ τοὺς μὲν φίλους ἀπήλασεν,

ἑκατὸν δὲ κύκλῳ κεφαλαὶ κολάκων οἰμωξομένων ἐλιχμῶντο

περὶ αὐτόν, ὥς οἱ κωμικοὶ λέγουσι· καὶ τραχὺς ὢν πρὸς τοὺς ἐπιεικεῖς καὶ βαρύς, αὖθις ὑπέβαλλε τοῖς πολλοῖς πρὸς χάριν ἑαυτόν

γεροντοαγωγῶν καὶ ἀναμισθαρνεῖν διδοὺς

καὶ τὸ φαυλότατον καὶ τὸ νοσοῦν μάλιστα τοῦ δήμου προσεταιριζόμενος ἐπὶ τοὺς ἀρίστους. Ὁ δὲ Θεμιστοκλῆς πάλιν πρὸς τὸν ἀποφηνάμενον, ὡς ἄρξει καλῶς ἴσον ἅπασι

B παρέχων ἑαυτόν, „μηδέποτ'" εἶπεν „εἰς τοιοῦτον ἐγὼ καθίσαιμι θρόνον, ἐν ᾧ πλέον οὐχ' ἕξουσιν οἱ φίλοι παρ' ἐμοὶ τῶν μὴ φίλων", οὐδ' οὗτος ὀρθῶς τῇ φιλίᾳ κατεπαγγελλόμενος τὴν πολιτείαν καὶ τὰ κοινὰ καὶ δημόσια ταῖς ἰδίαις χάρισι καὶ σπουδαῖς ὑφιέμενος. Καίτοι πρός γε Σιμωνίδην ἀξιοῦντά τι τῶν μὴ δικαίων, „οὔτε ποιητής" ἔφη „σπουδαῖός ἐστιν ᾄδων παρὰ μέλος, οὔτ' ἄρχων ἐπιεικὴς

13. Hier nun folgt die zum Thema Freunde fällige Entscheidung; sie bestätigt weder die Meinung des Themistokles noch die des Kleon. Denn kaum hatte sich Kleon zur Aufnahme politischer Aktivität entschlossen, da versammelte er alle seine Freunde am selben Treffpunkt und löste die Freundschaft mit ihnen auf, weil sie angeblich vieles an seiner richtigen und gerechten Grundeinstellung während des Regierens aufweichen und verfälschen würde. Er hätte etwas Besseres getan, wenn er die Liebe zum Reichtum und die Streitsucht aus seiner Seele verbannt und sich von Neid und Bosheit gereinigt hätte. Denn nicht Männer ohne Freunde und Gefährten, sondern tüchtige und besonnene Männer benötigen die Staaten. Nun aber vertrieb er zwar die Freunde,

„aber rings herum leckten immerfort an ihm hundert Häupter verfluchter Schmeichler" (Aristoph. Vesp.1033),

wie die Komödienschreiber künden. Grob, ja kränkend gegen die vernünftigen Bürger unterwarf er sich ständig liebedienerisch der Volksmenge,

„als Altenpfleger und Helfer zum Einheimsen von Diäten"
(Com. adesp. fr.11 K.)

und als Verbündeter des untauglichsten und kränksten Teils der Bürgergemeinde gegen die bestgesinnten Bürger. Demgegenüber antwortete Themistokles dem Mann, der zu ihm sagte, er werde rühmlich regieren, wenn er allen Bürgern in gleichem Maße entgegenkomme, dies: „Möge ich nie auf einem solchen Amtssessel Platz nehmen, an dem der Freund vor dem, der kein Freund ist, von mir nicht bevorteilt würde." Auch er traf damit, dass er die Politik zur Dienerin der Freundschaft erklärte und die gemeinschaftlichen und staatlichen Belange den privaten Gunstbeweisen und den eigenen Interessen unterordnete, nicht die richtige Entscheidung. Gleichwohl entgegnete er Simonides[68], der eine Forderung an ihn stellte, die nicht zu den gerechten gehörte: „Kein gewissenhafter Liederdichter ist derjenige, der taktwidrig singt,

παρά τον νόμον χαριζόμενος". Δεινόν γάρ ώς αληθώς και σχέτλιον, εἰ ναύτας μὲν ἐκλέγεται κυβερνήτης καὶ κυβερνήτην ναύκληρος

C   εὖ μὲν ἐνὶ πρύμνῃ οἰήιον, εὖ δὲ κεραίην
    εἰδότας ἐντείνασθαι ἐπορνυμένου ἀνέμοιο

καί τις ἀρχιτέκτων ὑπουργοὺς καὶ χειροτέχνας, οἳ μὴ διαφθεροῦσιν αὐτοῦ τὸ ἔργον ἀλλ' ἄριστα συνεκπονήσουσιν, ὁ δὲ πολιτικός, „ἀριστοτέχνας" τις ὢν κατὰ Πίνδαρον, καὶ (fr. 57) "δημιουργὸς εὐνομίας καὶ δίκης", οὐκ εὐθὺς αἱρήσεται φίλους ὁμοιοπαθεῖς καὶ ὑπηρέτας καὶ συνενθουσιῶντας αὐτῷ πρὸς τὸ καλόν, ἀλλ' ἄλλους πρὸς ἄλλην ἀεὶ χρείαν κάμπτοντας αὐτὸν ἀδίκως καὶ βιαίως, οὐδέν τ' ὀφθήσεται διαφέρων οἰκοδόμου τινὸς ἢ τέκτονος
D ἀπειρίᾳ καὶ πλημμελείᾳ γωνίαις χρωμένου καὶ κανόσι καὶ στάθμαις, ὑφ' ὧν διαστρέφεσθαι τὸ ἔργον ἔμελλεν. Ὄργανα γὰρ οἱ φίλοι ζῶντα καὶ φρονοῦντα τῶν πολιτικῶν ἀνδρῶν εἰσι, καὶ οὐ δεῖ συνολισθάνειν αὐτοῖς παραβαίνουσιν, ἀλλὰ προσέχειν, ὅπως μήδ' ἀγνοούντων αὐτῶν ἐξαμαρτάνωσι.Τοῦτο γὰρ καὶ Σόλωνα κατῄσχυνε καὶ διέβαλε πρὸς τοὺς πολίτας. Ἐπεὶ γὰρ ἐν νῷ λαβὼν τὰ ὀφλήματα κουφίσαι καὶ τὴν σεισάχθειαν (τοῦτο δ' ἦν ὑποκόρισμα χρεῶν ἀποκοπῆς) εἰσενεγκεῖν ἐκοινώσατο τοῖς φίλοις, οἱ δ' ἔργον ἀδικώτατον ἔπραξαν· ἐδανείσαντο γὰρ ὑποφθά-
E σαντες ἀργύριον πολύ, καὶ μετ' ὀλίγον χρόνον, εἰς φῶς τοῦ νόμου προαχθέντος οἱ μὲν ἐφάνησαν οἰκίας τε λαμπρὰς καὶ γῆν συνεωνημένοι πολλὴν ἐξ ὧν ἐδανείσαντο χρημάτων, ὁ δὲ Σόλων αἰτίαν ἔσχε συναδικεῖν ἠδικημένος.

kein ordentlicher Regent aber auch, wer gesetzeswidrig Vergünstigungen austeilt." Wahrhaft schrecklich und unerträglich wäre es doch, wenn auf der einen Seite der Steuermann die Matrosen und der Schiffskapitän den Steuermann auswählt

> „erfahren darin, das Ruder am Heck geschickt zu führen und die Segel einzuholen, wenn Sturm aufkommt"
> (Callim. fr. anon. 382 Schn.)

und wenn jeder beliebige Baumeister diejenigen Helfer und Handwerker wählt, die sein Werk nicht zerstören, sondern mit ihm in höchster Vollendung vollbringen, und wenn dann auf der anderen Seite der Politiker, der nach Pindar[69] ein Meister der höchsten Kunst, ein Schöpfer von Wohlgesetzlichkeit und Rechtlichkeit ist, nicht auf der Stelle gleichgesinnte, dienstbare Freunde erwählte, die für das Gute begeistert sind wie er selber, sondern jeweils andere Leute nähme, die ungerecht und mit Gewalt ihm mal diesen, mal jenen Dienst abzwingen würden. Der Politiker würde sich offensichtlich in keinem Punkt von einem beliebigen Baumeister oder Zimmermann unterscheiden, der aus Unerfahrenheit und Sorglosigkeit Winkelmaße, Lineale und Lote benutzt, durch die er sein Werk schief und krumm werden ließe. Freunde sind doch Werkzeuge, lebende und denkende Werkzeuge der Politiker, und wenn sie auf Abwege geraten, dürfen Politiker nicht gemeinsam mit ihnen straucheln, wenn sie Gesetze übertreten, sondern sie haben Acht zu geben, dass jene auch keine Verfehlungen begehen, ohne dass sie davon erfahren. Eine solche Unachtsamkeit verletzte einmal sogar Solon in seiner Ehre und machte ihn in den Augen der Mitbürger verdächtig. Als er nämlich beabsichtigte, die Schulden zu erleichtern und die „Schuldenabschüttelung" einzuführen (dies war ein scherzhafter Name für „Schuldentilgung"), und als er dies den Freunden anvertraute, da begingen sie äußerstes Unrecht: sie liehen sich im Voraus eine Menge Geld, und als kurz darauf das Gesetz ans Licht kam, wurde offenkundig, dass sie von dem geliehenen Gelde prächtige Häuser und viel Grund und Boden zusammengekauft hatten, und Solon, selber

Ἀγησίλαος δέ περὶ τὰς τῶν φίλων σπουδὰς αὐτὸς αὑτοῦ γινόμενος ἀσθενέστατος καὶ ταπεινότατος, ὥσπερ ὁ Εὐριπίδου Πήγασος

ἔπτηξ' ὑπείκων μᾶλλον εἰ μᾶλλον θέλοι,

καὶ ταῖς ἀτυχίαις προθυμότερον βοηθῶν τοῦ δέοντος ἐδόκει συνεξομοιοῦσθαι ταῖς ἀδικίαις. Καὶ γάρ τοι Φοιβί-
δαν κρινόμενον ἔσωσεν ἐπὶ τῷ τὴν Καδμείαν καταλαβεῖν
F ἄνευ προστάγματος, φήσας τὰ τοιαῦτα δεῖν αὐτοματί-
ζειν· καὶ Σφοδρίαν ἐπ' ἔργῳ παρανόμῳ καὶ δεινῷ φεύ-
γοντα δίκην (ἐνέβαλε γὰρ εἰς τὴν Ἀττικὴν φίλων ὄντων
καὶ συμμάχων) ἀφεθῆναι διεπράξατο, δεήσεσιν ἐρωτικαῖς
τοῦ παιδὸς μαλαχθείς· καὶ πρός τινα δυνάστην ἐπιστόλιον
808 αὐτοῦ τοιοῦτον φέρεται· „Νικίαν, εἰ μὲν οὐκ ἀδικεῖ, ἄφες·
εἰ δ' ἀδικεῖ, ἐμοὶ ἄφες· πάντως δ' ἄφες". Ἀλλὰ Φωκίων
οὐδὲ τῷ γαμβρῷ Χαρίκλῳ, δίκην ἔχοντι περὶ τῶν Ἀρπα-
λείων συνεισῆλθεν, ἀλλ' „ἐγώ σε" φήσας „ἐπὶ πᾶσι τοῖς
δικαίοις ἐποιησάμην κηδεστήν" ᾤχετ' ἀπιών. Καὶ
Τιμολέων ὁ Κορίνθιος τὸν ἀδελφὸν ἐπεὶ διδάσκων καὶ δεόμενος
οὐκ ἀπέστησε τῆς τυραννίδος, συνέπραξε τοῖς ἀνελοῦσι.
Δεῖ γὰρ οὐκ ἄχρι τοῦ βωμοῦ φίλον εἶναι τῷ μὴ συνεπιορ-
κεῖν, ὥς ποτε Περικλῆς εἶπεν, ἀλλ' ἄχρι παντὸς νόμου
καὶ δικαίου καὶ συμφέροντος, ὃ παροφθὲν εἴς τινα μεγά-
B λην βλάβην ἀναφέρει καὶ κοινήν, ὡς ἀνέφερε τὸ μὴ δοῦναι
δίκην Σφοδρίαν μηδὲ Φοιβίδαν· οὗτοι γὰρ οὐχ' ἥκιστα
τὴν Σπάρτην ἐνέβαλον εἰς τὸν Λευκτρικὸν πόλεμον. Ἐπεὶ

45

Opfer, sah sich beschuldigt, Komplize der Freveltäter zu sein. Agesilaos, der, was Bemühungen für die Freunde betraf, sich von seiner schwächsten und würdelosesten Seite zeigte, wie auch der Pegasos bei Euripides

> „sich verbog und umso mehr nachgab, je mehr der andere wünschte" (fr.309)

und der bei Missgeschicken der Freunde größere Hilfen als nötig gewährte, geriet in den Verdacht, sich gänzlich mit deren Ungerechtigkeiten gemein zu machen. In der Tat rettete er Phoibidas[70], der wegen der ohne Befehl vorgenommenen Eroberung der Kadmos- Burg vor Gericht stand, mit seiner Aussage, derlei Unternehmungen erforderten eine spontane Ausführung. Auch die Freilassung von Sphodrias[71], der einer gefährlichen und rechtswidrigen Tat angeklagt war, (er war in Attika, also in Freundes-und Bündnerland eingefallen), setzte er durch, erweicht durch die Bitten des für seinen Liebhaber flehenden Sohnes. Auch von einem Briefchen an irgendeinen Herrscher mit folgendem Wortlaut erzählt man sich: „Ist Nikias unschuldig, so gib ihn frei, ist er aber schuldig, so gib ihn mir frei! Wie auch immer, gib ihn frei!" Anders Phokion: er ging nicht einmal mit in die Gerichtsverhandlung, als sein Schwiegersohn Charikles in einen Prozess wegen Bestechung durch Harpalos[72] verwickelt war, sondern mit der Erklärung: „Nur für alles, was gerecht ist, habe ich dich zum Schwiegersohn gemacht!" ging er davon. Als Timoleon[73] von Korinth seinen Bruder nicht mit Bitten und Belehren zum Rücktritt von seiner Tyrannenherrschaft bewegen konnte, machte er gemeinsame Sache mit denen, die ihn ermordeten. Man darf nicht „bis an den heiligen Altar ein Freund bleiben", um nicht gemeinsam meineidig zu werden, wie es Perikles einmal ausdrückte, sondern nur bis zu allem, was gesetzlich, gerecht und nützlich ist; dieses Gebot nicht zu beachten, führt zu einem großen und das Gemeinwesen treffenden Schaden, wie ihn auch der Umstand herbeiführte, dass weder Sphodrias noch Phoibidas ihre Strafe zu zahlen hatten. Nicht zuletzt waren sie es doch, die Sparta in den Krieg von Leuktra[74]

τοῖς γε μετρίοις ἁμαρτήμασι τῶν φίλων ἐπεμβαίνειν βαρὺν ὁ πολιτικὸς οὐκ ἀναγκάζει λόγος, ἀλλὰ καὶ δίδωσιν εἰς ἀσφαλὲς θεμένους τὰ μέγιστα τῶν κοινῶν ἐκ περιουσίας βοηθεῖν τοῖς φίλοις καὶ παρίστασθαι καὶ συνεκπονεῖν ὑπὲρ αὐτῶν. Εἰσὶ δὲ καὶ χάριτες ἀνεπίφθονοι, συλλα-
βέσθαι πρὸς ἀρχὴν τῷ φίλῳ μᾶλλον, ἐγχειρίσαι τινα διοίκησιν ἔνδοξον ἢ πρεσβείαν φιλάνθρωπον, οἷον ἡγε-
C μόνος τιμὰς ἔχουσαν ἢ πρὸς πόλιν ὑπὲρ φιλίας καὶ ὁμο-
νοίας ἔντευξιν· ἂν δ' ᾖ τις ἐργώδης ἐπιφανὴς δὲ καὶ μεγάλη πρᾶξις, αὐτὸν ἐπὶ ταύτῃ τάξαντα πρῶτον εἶτα προσ-
ελέσθαι τὸν φίλον, ὡς ὁ Διομήδης

εἰ μὲν δὴ ἕταρόν γε κελεύετέ μ' αὐτὸν ἑλέσθαι,
πῶς ἂν ἔπειτ' Ὀδυσῆος ἐγὼ θείοιο λαθοίμην;

Κἀκεῖνος αὖ πάλιν ἀνταποδίδωσιν οἰκείως τὸν ἔπαινον

Ἵπποι δ' οἵδε, γεραιέ, νεήλυδες, οὓς ἐρεείνεις,
Θρηίκιοι, τὸν δέ σφιν ἄνακτ' ἀγαθὸς Διομήδης
ἔκτανε, πὰρ δ' ἑτάρους δυοκαίδεκα πάντας ἀρίστους.

Αὕτη γὰρ ἡ πρὸς τοὺς φίλους ὕφεσις οὐχ' ἧττον ἐπικοσμεῖ
D τῶν ἐπαινουμένων τοὺς ἐπαινοῦντας· „ἡ δ' αὐθάδεια," φησὶν
ὁ Πλάτων „ἐρημίᾳ σύνοικος". Ἔτι τοίνυν
ταῖς καλαῖς καὶ φιλανθρώποις χάρισι δεῖ τοὺς φίλους
συνεισποιεῖν καὶ κελεύειν τοὺς εὖ παθόντας ἐκείνους ἐπαι-
νεῖν καὶ ἀγαπᾶν, ὡς αἰτίους ἅμα καὶ συμβούλους γεγενη-
μένους· τὰς δὲ φαύλας καὶ ἀτόπους ἀξιώσεις ἀποτρί-
βεσθαι μὴ πικρῶς ἀλλὰ πράως, διδάσκοντα καὶ παρα-
μυθούμενον ὡς οὐκ ἄξιαι τῆς ἐκείνων ἀρετῆς εἰσι καὶ

stürzten. Gegen kleinere Vergehen von Freunden streng einzuschreiten, erzwingt die politische Vernunft keineswegs, sie erlaubt vielmehr sogar, dass man nach Absicherung der wichtigsten Aufgaben des Staates aus dem, was übrig ist, den Freunden beisteuert, ihnen Beistand leistet und auch ihnen Mühe und Arbeit widmet. Unverdächtige Gefälligkeiten bestehen ferner darin, einem Freund etwas nachdrücklicher zu einem Amt zu verhelfen, oder ihm eine rühmliche Verwaltungstätigkeit oder eine Gesandtschaft zur Pflege von Freundschaft anzuvertrauen, zum Beispiel um eine führende Persönlichkeit zu ehren oder um über die Freundschaft und Einigkeit mit einem Staat zu verhandeln. Wenn es sich dabei um eine mühevolle, aber herausgehobene und bedeutende Unternehmung handelt, sollte man zunächst sich selber damit betrauen, sodann aber, wie Diomedes, den Freund hinzuziehen:

„Wenn ihr nun den Genossen mir selber zu wählen gebietet,
wie vergäße ich doch des göttergleichen Odysseus?" (Il.10,242 f.)

Und dieser gibt seinerseits das Lob entsprechend zurück:

„Diese Rosse, nach denen du fragst, sind eben gekommen
trakische; und den Gebieter erschlug der Held Diomedes
und daneben noch zwölf der besten Waffengefährten."
(Il.10,558 ff.; Übs. Hampe)

Eine solche Verbeugung vor den Freunden ehrt die Lobenden nicht weniger als die Gelobten, die Selbstgefälligkeit dagegen, sagt Platon (ep. 4 p.321b), ist die Gefährtin der Einsamkeit. Außerdem sollte man die Freunde bei den schönen Veranstaltungen tätiger Menschenliebe mit auftreten lassen und die Empfänger von Wohltaten dazu ermuntern, ihnen Lob und Dank zu zollen, als ob sie die Anregung wie auch Ratschläge dazu gegeben hätten. Üble und unsinnige Forderungen der Freunde sind abzulehnen, nicht auf grobe, sondern auf sanfte Art: man erklärt ihnen und bringt sie zu der Einsicht, dass solche Forderungen ihrer edlen Gesinnung und ihres guten Namens unwürdig seien. Am allerbesten machte

δόξης. Ἄριστα δ' ἀνθρώπων ὁ Ἐπαμεινώνδας, ἀρνησάμενος δεηθέντι τῷ Πελοπίδᾳ τὸν κάπηλον ἐκ τῆς εἰρκτῆς ἀφεῖναι, καὶ μετ' ὀλίγον τῆς ἐρωμένης δεηθείσης ἀφείς, „τοιαύτας" ἔφη „χάριτας, ὦ Πελοπίδα, λαμβάνειν ἑταιριδίοις οὐ στρατηγοῖς πρέπον ἐστίν". Ὁ δὲ Κάτων βαρέως καὶ αὐθάδως, ἐπεὶ Κάτλος ὁ τιμητής, φίλος ὢν ἐν τοῖς μάλιστα καὶ συνήθης, ἐξῃτεῖτό τινα τῶν κρινομένων ὑπ' αὐτοῦ ταμιεύοντος, „αἰσχρόν ἐστιν" ἔφη „σὲ τὸν ὀφείλοντα τοὺς νέους ἡμᾶς σωφρονίζειν ὑπὸ τῶν ἡμετέρων ὑπηρετῶν ἐκβάλλεσθαι"· τῷ γὰρ ἔργῳ τὴν χάριν ἐξῆν ἀπειπάμενον ἀφελεῖν τοῦ λόγου τὴν τραχύτητα καὶ πικρίαν, ὡς μηδὲ τῇ πράξει τὸ λυπηρὸν ἑκουσίως ἀλλ' ἀναγκαίως ἐπιφέροντα διὰ τὸν νόμον καὶ τὸ δίκαιον.Εἰσὶ δὲ καὶ πρὸς χρηματισμὸν οὐκ ἀγεννεῖς ἐν πολιτείᾳ τοῖς δεομένοις τῶν φίλων αἱ συλλήψεις· οἷον ὁ Θεμιστοκλῆς, μετὰ τὴν μάχην ἰδὼν νεκρὸν στρεπτὰ χρυσᾶ καὶ μανιάκην περικείμενον, αὐτὸς μὲν παρῆλθεν, ἐπιστραφεὶς δὲ πρὸς τὸν φίλον, „Ἀνελοῦ ταῦτ'" εἶπεν· „οὐ γὰρ καὶ σὺ Θεμιστοκλῆς γέγονας". Δίδωσι γὰρ καὶ τοῦτο πολλάκις τῷ πολιτικῷ τὰ πράγματα πρὸς τοὺς φίλους (οὐ γὰρ δὴ Μενέμαχοι πάντες εἰσί) · τῷ μὲν ἐγχείρισον συνηγορίαν ἔμμισθον ὑπὲρ τοῦ δικαίου, τῷ δὲ σύστησον πλούσιον ἐπιμελείας καὶ προστασίας δεόμενον, ἄλλῳ δ'εἰς ἐργολαβίαν τινὰ σύμπραξον ἢ μίσθωσιν ὠφελείας ἔχουσαν. Ἐπαμεινώνδας δὲ καὶ πλουσίῳ τινὶ προσελθόντα φίλον αἰτεῖν ἐκέλευσε τάλαντον, ὡς αὐτοῦ δοῦναι κελεύοντος· ἐπεὶ δ' ὁ αἰτηθεὶς ἐλθὼν ἐπυνθάνετο τὴν αἰτίαν, "ὅτι χρηστός" εἶπεν „οὗτος ὢν πένης ἐστί, σὺ δὲ πλουτεῖς πολλὰ τῆς πόλεως νενοσφισμένος". Καὶ τὸν Ἀγησίλαον ὁ Ξενοφῶν ἀγάλλεσθαί φησι πλουτίζοντα τοὺς φίλους, αὐτὸν ὄντα κρείττονα χρημάτων.

es Epameinondas, als er dem Pelopidas die Bitte, er möge einen Schankwirt aus dem Gefängnis entlassen, abschlug, ihn aber kurz darauf laufen ließ, als dessen Geliebte darum bat. „Sich solche Gefälligkeiten erweisen zu lassen, steht kleinen Hetären zu, nicht aber Generälen, mein lieber Pelopidas!" Cato dagegen reagierte grob und anmaßend, als der Censor Catulus[75], einer seiner besten und vertrautesten Freunde, irgendeinen der Männer frei zu lassen bat, die vor ihm, dem Quaestor Cato[76], vor Gericht standen: „Es wäre eine Schande," so seine Antwort, „wenn du, der uns Jüngere zur Pflicht zu ermahnen hättest, von meinen Amtsdienern hinausgeworfen würdest." Es hätte Cato ja freigestanden, tatsächlich die Gefälligkeit verweigernd doch wenigstens seinen Worten die Härte und Schärfe zu nehmen, so als ob er nicht aus freien Stücken, sondern unter Zwang, nur des Gesetzes und Rechtes wegen, seinem Handeln das Kränkende auferlegen müsste. Auch, was das Geldverdienen betrifft, stehen dem Politiker Hilfsmaßnahmen für die Bedürftigen unter den Freunden zur Verfügung, die nicht unehrenhaft sind. So ging zum Beispiel Themistokles nach der Schlacht angesichts eines Gefallenen, der um Hals und Arme goldene Bänder trug, selber an diesem vorbei, kehrte sich aber zum Freund um und redete ihm zu: „Nimm du das da an dich, du bist ja kein Themistokles!" Auch das folgende Vorgehen zum Nutzen der Freunde ermöglicht dem Politiker seine Regierungstätigkeit häufig – nicht jeder ist bekanntlich ein Menemachos: übergib diesem Freund eine gut bezahlte Rechtsvertretung für eine gerechte Sache, mache jenen mit einem Reichen bekannt, der persönliche Umsorgung und gesetzliche Vertretung benötigt. Einem weiteren Freund verhilf zu Verdienst aus Lohnarbeit oder zu einem vorteilhaften Pachtvertrag. Epameinondas ließ einen Freund sogar einen reichen Bürger aufsuchen und von ihm die Summe von einem Talent einfordern, so als ob er selber diese Abgabe angeordnet hätte. Als der so Aufgeforderte kam und sich nach dem Warum erkundigte, erklärte Epameinondas: „Weil dieser Mann als eine ehrliche Haut bettelarm ist, du aber, der du dem Staat vieles entwendet hast, im Reichtum lebst." Auch den Agesilaos, wiewohl persönlich über das Streben nach Geld und Gut erhaben, so be-

14. Ἐπεὶ δὲ „πάσαις κορυδαλλίσι" κατὰ Σιμωνίδην, „χρὴ λόφον ἐγγενέσθαι" καὶ πᾶσα πολιτεία φέρει τινὰς ἔχθρας καὶ διαφοράς, οὐχ' ἥκιστα προσήκει καὶ περὶ τούτων ἐσκέφθαι τὸν πολιτικόν. Οἱ μὲν οὖν πολλοὶ τὸν Θεμιστοκλέα καὶ τὸν Ἀριστείδην ἐπαινοῦσιν ἐπὶ τῶν ὅρων τὴν ἔχθραν ἀποτιθεμένους, ὁσάκις ἐπὶ πρεσβείαν ἢ στρατηγίαν ἐξίοιεν, εἶτα πάλιν ἀναλαμβάνοντας. Ἐνίοις δὲ καὶ τὸ Κρητίνου τοῦ Μάγνητος ὑπερφυῶς ἀρέσκει· Ἑρμείᾳ γὰρ ἀντιπολιτευόμενος, ἀνδρὶ <μὲν> οὐ δυνατῷ

C φιλοτίμῳ δὲ καὶ λαμπρῷ τὴν ψυχήν, ἐπεὶ κατέσχεν ὁ Μιθριδατικὸς πόλεμος τὴν πόλιν ὁρῶν κινδυνεύουσαν ἐκέλευσε τὸν Ἑρμείαν τὴν ἀρχὴν παραλαβόντα χρῆσθαι τοῖς πράγμασιν, αὐτοῦ μεταστάντος· εἰ δὲ βούλεται στρατηγεῖν ἐκεῖνον, αὐτὸν ἐκποδὼν ἀπελθεῖν, ὡς μὴ φιλοτιμούμενοι πρὸς ἀλλήλους ἀπολέσειαν τὴν πόλιν. Ἤρεσεν ἡ πρόκλησις τῷ Ἑρμείᾳ καὶ φήσας ἑαυτοῦ πολεμικώτερον εἶναι τὸν Κρητίναν ὑπεξῆλθε μετὰ παίδων καὶ γυναικός. Ὁ δὲ Κρητίνας ἐκεῖνόν τε προὔπεμψε, τῶν ἰδίων χρημάτων ἐπιδοὺς ὅσα φεύγουσιν ἦν ἢ πολιορκουμένοις χρησιμώτερα, καὶ τὴν πόλιν ἄριστα στρατηγήσας παρ' οὐδὲν

D ἐλθοῦσαν ἀπολέσθαι περιεποίησεν ἀνελπίστως. Εἰ γὰρ εὐγενὲς καὶ φρονήματος μεγάλου τὸ ἀναφωνῆσαι

φιλῶ τέκν', ἀλλὰ πατρίδ' ἐμὴν μᾶλλον φιλῶ,

πῶς οὐκ ἐκείνοις γε προχειρότερον εἰπεῖν ἑκάστῳ „μισῶ

richtet Xenophon[77] (Ages. 4), erfüllte es mit freudigem Stolz, die Freunde reich zu machen.

14. Weil „jeder Haubenlerche", spricht Simonides, „zwangsläufig ein Schopf wächst", und zwangsläufig jedes politische Tun und Lassen irgendwelche Feindschaften und Zwistigkeiten einbringt, gehört es nicht zu den geringsten Aufgaben des Politikers, dass er sich auch über sie Gedanken gemacht hat. So sind denn die meisten Menschen des Lobes voll für Themistokles und Aristeides, weil sie ihr feindseliges Verhalten jedes Mal an der Landesgrenze ablegten, wenn sie auf eine Gesandtschaftsreise oder einen Kriegszug gingen und es erst danach wiederaufnahmen. Einigen Leuten gefällt auch das Benehmen von Kretinas[78] aus Magnesia besonders gut. Trotz seiner Gegnerschaft zu Hermeias, einem Mann, der nicht sehr mächtig, aber ehrgeizig und von lauterer Gesinnung war, machte er beim Ausbruch des Mithridatischen Krieges angesichts der Gefahr für die Heimatstadt den Vorschlag, dass Hermeias die Regierung übernehmen und die Kriegssituation bewältigen solle, nachdem er selber das Land verlassen habe. Wenn er aber wünsche, dass er, Kretinas, den Krieg führe, dann solle jener außer Landes gehen, damit sie nicht, gegen einander rivalisierend, den Staat zerstörten. Der Vorschlag gefiel Hermeias, und mit der Begründung, Kretinas sei für den Krieg geeigneter als er, ging er mit Frau und Kindern außer Landes. Kretinas ließ ihn hinausgeleiten, nachdem er ihm alles das auf eigene Kosten mitgegeben hatte, was Menschen im Exil mehr nützen konnte als Belagerten. Danach gelang es ihm, nach meisterhafter Kriegsführung den Staat, der um ein Haar ins Verderben gestürzt wäre, wider Erwarten zu erretten. Wenn es von edler und großer Gesinnung zeugt, auszurufen:

„Groß ist in mir die Liebe zu meinen Kindern,
doch größer noch ist die Liebe zu meinem Vaterland!"
(Trag. Adesp. 411)

sollte es da nicht – zumindest diesen beiden Politikern - näherlie-

τὸν δεῖνα καὶ βούλομαι ποιῆσαι κακῶς, ἀλλὰ πατρίδ᾽ ἐμὴν μᾶλλον φιλῶ"; Τὸ γὰρ μὴ θέλειν διαλυθῆναι πρὸς ἔχθρον, ὧν ἕνεκα δεῖ φίλον προέσθαι, δεινῶς ἄγριον καὶ θηριῶδες. Οὐ μὴν ἀλλὰ βέλτιον οἱ περὶ Φωκίωνα καὶ Κάτωνα, μηδ᾽ ὅλως ἔχθραν τινὰ πρὸς πολιτικὰς τιθέμενοι διαφοράς, ἀλλὰ δεινοὶ καὶ ἀπαραίτητοι μόνον ἐν τοῖς δημο-
E σίοις ἀγῶσιν ὄντες μὴ προέσθαι τὸ συμφέρον, ἐν δὲ τοῖς ἰδίοις ἀμηνίτως καὶ φιλανθρώπως χρώμενοι τοῖς ἐκεῖ διαφερομένοις. Δεῖ γὰρ ἐχθρὸν μηδένα πολίτην νομίζειν, ἂν μή τις οἷον Ἀριστίων ἢ Νάβις ἢ Κατιλίνας νόσημα καὶ ἀπόστημα πόλεως ἐγγένηται· τοὺς δ᾽ ἄλλως ἀπᾴδοντας ὥσπερ ἁρμονικὸν ἐπιτείνοντα καὶ χαλῶντα πράως εἰς τὸ ἐμμελὲς ἄγειν, μὴ τοῖς ἁμαρτάνουσι σὺν ὀργῇ καὶ πρὸς ὕβριν ἐπιφυόμενον, ἀλλ᾽ ὡς Ὅμηρος ἠθικώτερον·

ὦ πέπον, ἦ τ᾽ ἐφάμην σε περὶ φρένας ἔμμεναι ἄλλων

καὶ

οἶσθα καὶ ἄλλον μῦθον ἀμείνονα τοῦδε νοῆσαι·

F ἄν τέ τι χρηστὸν εἴπωσιν ἢ πράξωσι, μὴ τιμαῖς ἀχθόμενον αὐτῶν μηδὲ λόγων εὐφήμων ἐπὶ καλοῖς < ἔργοις > φειδόμενον. Οὕτω γὰρ ὅ τε ψόγος ὅπου δεῖ πίστιν ἕξει, καὶ πρὸς τὴν κακίαν διαβαλοῦμεν αὐτοὺς αὔξοντες τὴν ἀρετὴν καὶ ταῦτα παραβάλλοντες ἐκείνοις ὡς ἄξια καὶ πρέποντα

gen, so zu sprechen: „groß ist mein Hass auf diesen und jenen, und ich sinne ihm Böses, doch größer noch ist die Liebe zu meinem Vaterland!" Denn nicht bereit zu sein, sich mit einem Feind zu versöhnen, um den Preis, einen Freund opfern zu müssen, das wäre schrecklich grausam und erbarmungslos. Da handelten allerdings Phokion, Cato und ihre Anhänger besser, weil sie ganz und gar keine persönliche Feindschaft wegen bloßer politischer Gegnerschaft anfingen, sondern lediglich bei den politischen Auseinandersetzungen heftig und unversöhnlich waren, um das Wohl der Allgemeinheit nicht im Stich zu lassen, jedoch im privaten Bereich ohne Groll und sogar liebenswürdig mit denen umgingen, die in jenem Bereich ihre Widersacher waren. Man darf in der Tat in keinem Mitbürger einen Feind sehen, außer wenn einer, wie zum Beispiel Aristion[79], Nabis[80] oder Catilina[81], als giftiger Abszess am Staate haftet. Wer auf irgendeine andere Art und Weise die Harmonie stört, den muss man wie ein Musiker, der die Saiten spannt und lockert, sanft zum rechten Ton führen und dabei über die, die sich vergreifen, nicht zornig und verletzend herfallen, sondern eher, wie Homer, ihre guten Seiten ansprechen:

„Lieber, ich dachte, du wärest doch verständiger als die anderen."
(Ilias 17,171))

und:

„Du weißt noch ein anderes, ein besseres Wort als dies zu ersinnen!" (Ilias 7,358)

Und jedes Mal, wenn Gegner etwas Rechtes gesagt oder getan haben, soll man sich über ihre Ehrung nicht ärgern und soll nicht mit lobenden Worten über ihre prächtigen Leistungen sparen. So wird nämlich zum einen unser Tadel, wenn er denn einmal nötig sein wird, glaubwürdig sein, zum andern werden wir ihnen Abscheu gegen Übeltaten einflößen, indem wir ihre Fähigkeit zu wackeren Taten höher hervorheben und diese jenen als ihrer würdiger und geziemender gegenüberstellen. Ich für meinen Teil

810 μᾶλλον. Ἐγὼ δὲ καὶ μαρτυρεῖν ἀξιῶ τὰ δίκαια τοῖς διαφόροις τὸν πολιτικὸν ἄνδρα καὶ βοηθεῖν κρινομένοις πρὸς τοὺς συκοφάντας καὶ ταῖς διαβολαῖς ἀπιστεῖν, ἂν ὦσιν ἀλλότριαι τῆς προαιρέσεως αὐτῶν· ὥσπερ ὁ Νέρων ἐκεῖνος ὀλίγον ἔμπροσθεν ἢ κτεῖναι τὸν Θρασέαν μάλιστα μισῶν καὶ φοβούμενος, ὅμως ἐγκαλοῦντός τινος ὡς κακῶς κεκριμένου καὶ ἀδίκως, „ἐβουλόμην ἄν" ἔφη „Θρασέαν οὕτως ἐμὲ φιλεῖν, ὡς δικαστὴς ἄριστός ἐστιν". Οὐ χεῖρον δὲ καὶ πρὸς ἐπίπληξιν ἑτέρων φύσει πονηρῶν μᾶλλον ἁμαρτανόντων, ἐχθροῦ μνησθέντα κομψοτέρου τὸ ἦθος εἰπεῖν
B „ἀλλ' ἐκεῖνος οὐκ ἂν τοῦτ' εἶπεν οὐδ' ἐποίησεν". Ὑπομνηστέον δὲ καὶ πατέρων ἀγαθῶν ἐνίους, ὅταν ἐξαμαρτάνωσιν· ὡς Ὅμηρος

ἦ ὀλίγον οἷ παῖδα ἐοικότα γείνατο Τυδεύς.

Καὶ πρὸς Σκιπίωνα τὸν Ἀφρικανὸν Ἄππιος ἐν ἀρχαιρεσίαις διαγωνιζόμενος, „ἡλίκον ἄν" εἶπεν „ὦ Παῦλε, στενάξειας ὑπὸ γῆς, αἰσθόμενος ὅτι σου τὸν υἱὸν ἐπὶ τιμητικὴν ἀρχὴν καταβαίνοντα Φιλόνικος ὁ τελώνης δορυφορεῖ". Τὰ γὰρ τοιαῦτα νουθετεῖ τοὺς ἁμαρτάνοντας ἅμα καὶ κοσμεῖ τοὺς νουθετοῦντας. Πολιτικῶς δὲ καὶ ὁ Νέστωρ ὁ τοῦ Σοφοκλέους ἀποκρίνεται λοιδορούμενος ὑπὸ τοῦ Αἴαντος

οὔ μέμφομαί σε· δρῶν γὰρ εὖ κακῶς λέγεις.

C Καὶ Κάτων διενεχθεὶς πρὸς τὸν Πομπήιον ἐν οἷς ἐβιάζετο τὴν πόλιν μετὰ Καίσαρος, ἐπεὶ κατέστησαν εἰς πόλεμον, ἐκέλευσε Πομπηίῳ παραδοῦναι τὴν ἡγεμονίαν, ἐπειπὼν ὅτι τῶν αὐτῶν ἐστι καὶ ποιεῖν τὰ μεγάλα κακὰ

verlange von einem Mann der Politik sogar, dass er seinen Gegnern für ihre gerechten Taten sogar als Zeuge dient und ihnen vor Gericht gegen ihre Verleumder beisteht und den Verleumdungen keinen Glauben schenkt, wenn sie mit den Grundsätzen des Gegners unvereinbar sind. Genau so hielt es damit der berüchtigte Nero: kurz bevor er den Thraseas[82] umbringen ließ, den er zutiefst hasste und fürchtete, äußerte er trotzdem folgendes, als jemand Thraseas vorwarf, ein schlechtes und ungerechtes Urteil gefällt zu haben: „Ich wünschte nur, Thraseas wäre mir so wohlgesonnen, wie er als Richter hervorragend ist!"
Nicht schlechter fährt man, wenn man zur Zurechtweisung anderer von Natur böser und leichter verführbarer Leute an einen Feind von feinerer Wesensart erinnert und hinzufügt: „Jener Mann hätte aber nicht so geredet oder so gehandelt!" Manche braucht man auch nur an die tugendhaften Väter erinnern, wenn sie auf Abwege kommen, wie es bei Homer steht:

> „Einen Sohn, wenig ähnlich dem Vater, erzeugte wahrhaftig sich Tydeus!" (Odyssee 5,880)

Scipio Africanus[83], dem Sohn des Aemilius Paulus, rief Appius Claudius, sein Gegenkandidat bei den Wahlen, entgegen: „O Aemilius Paulus, wie laut würdest du in der Unterwelt aufstöhnen, wenn du erfahren würdest, dass deinem Sohn zu seiner Kandidatur um die Censur als Leibwächter der Steuereintreiber Philonikos das Geleite gibt!" Solcherlei Äußerungen setzen denen, die auf Abwege gehen, den Kopf zurecht und machen zugleich dem Tadelnden Ehre. In der Art eines rechten Politikers antwortet auch der Nestor des Sophokles, als er von Aias geschmäht wird:

> „Ich tadle dich nicht: denn untadlig ist dein Handeln, schlecht nur deine Rede." (fr.771 N.)

Cato, der mit Pompeius verfeindet war, solange dieser an Caesars Seite die Stadt unterdrückte, empfahl in dem Moment, als sie sich zu bekriegen anfingen, das Kommando dem Pompeius anzuver-

καὶ παύειν. Ὁ γὰρ μεμιγμένος ἐπαίνῳ ψόγος οὐκ ἔχων ὕβριν ἀλλὰ παρρησίαν, οὐδὲ θυμὸν ἀλλὰ δηγμὸν ἐμποιῶν καὶ μετάνοιαν, εὐμενὴς φαίνεται καὶ θεραπευτικός· αἱ δὲ λοιδορίαι τοῖς πολιτικοῖς ἥκιστα πρέπουσιν. Ὅρα δὲ τὰ πρὸς Αἰσχίνην ὑπὸ Δημοσθένους εἰρημένα καὶ τὰ πρὸς τοῦτον ὑπ' Αἰσχίνου, καὶ πάλιν ἃ πρὸς Δημάδην γέγραφεν
D Ὑπερείδης, εἰ Σόλων ἂν εἶπεν ἢ Περικλῆς ἢ Λυκοῦργος ὁ Λακεδαιμόνιος ἢ Πιττακὸς ὁ Λέσβιος. Καίτοι γε καὶ Δημοσθένης ἐν τῷ δικανικῷ τὸ λοίδορον ἔχει μόνον, οἱ δὲ Φιλιππικοὶ καθαρεύουσι καὶ σκώμματος καὶ βωμολοχίας ἁπάσης· τὰ γὰρ τοιαῦτα τῶν ἀκουόντων μᾶλλον αἰσχύνει τοὺς λέγοντας, ἔτι δὲ καὶ σύγχυσιν ἀπεργάζεται τῶν πραγμάτων καὶ διαταράττει τὰ βουλευτήρια καὶ τὰς ἐκκλησίας. Ὅθεν ἄρισθ' ὁ Φωκίων ὑπεκστὰς τῷ λοιδοροῦντι καὶ παυσάμενος τοῦ λέγειν, ἐπεὶ μόλις ἐσιώπησεν ὁ ἄνθρωπος, αὖθις παρελθὼν „οὐκοῦν" ἔφη „περὶ μὲν τῶν
E ἱππέων καὶ τῶν ὁπλιτῶν ἀκηκόατε, λείπεται δέ μοι περὶ τῶν ψιλῶν καὶ πελταστῶν διελθεῖν". Ἀλλ' ἐπεὶ πολλοῖς γε δυσκάθεκτόν ἐστι τὸ πρᾶγμα καὶ πολλάκις οὐκ ἀχρήστως οἱ λοιδοροῦντες ἐπιστομίζονται ταῖς ἀπαντήσεσιν, ἔστω βραχεῖα τῇ λέξει καὶ μὴ θυμὸν ἐμφαίνουσα μηδ' ἀκραχολίαν, ἀλλὰ πραότητα μετὰ παιδιᾶς καὶ χάριτος ἀμωσγέπως δάκνουσαν· αἱ δ' ἀντεπιστρέφουσαι μάλιστα τοιαῦται. Καθάπερ γὰρ τῶν βελῶν ὅσα πρὸς τὸν βαλόντα φερεται πάλιν ῥώμῃ τινὶ δοκεῖ καὶ στερεότητι τοῦ πληγέντος ἀνακρουόμενα τοῦτο πάσχειν, οὕτω τὸ λεχθὲν ὑπὸ ῥώμης
F καὶ συνέσεως τοῦ λοιδορηθέντος ἐπὶ τοὺς λοιδορήσαντας ἀναστρέφειν ἔοικεν· ὡς τὸ Ἐπαμεινώνδου πρὸς Καλλίστρατον, ὀνειδίζοντα Θηβαίοις καὶ Ἀργείοις τὴν Οἰδίποδος

trauen, wobei er die Bemerkung hinzufügte: „Es gehören dieselben Männer dazu, großes Unheil auszulösen wie auch, es zu beenden." Tadel, dem Lob beigemischt ist und der nicht verletzend, sondern freimütig ist, der auch keinen Groll, sondern schmerzliche Reue erregt, wird als wohlwollend und fürsorglich empfunden. Das Schimpfen und Schmähen dagegen gehört sich für Staatsmänner überhaupt nicht. Schau doch die Tiraden des Demosthenes gegen Aischines an und die des Aischines gegen ihn, und weiterhin, was Hypereides gegen Demades[84] schrieb: hätten wohl Solon, Perikles, Lykurgos[85] von Sparta oder Pittakos[86] von Lesbos so gesprochen? Indes, auch Demosthenes hat dieses Schmähen lediglich in seinen Gerichtsreden, seine Philippika sind frei von jeglichem Spotten und Pöbeln. Solche Ausfälligkeiten beschämen doch weniger den, der sie zu hören bekommt, als den, der sie ausspricht. Darüber hinaus erzeugen sie eine Verwirrung der Regierungsgeschäfte und bringen Aufruhr in die Rathäuser und Volksversammlungen. Darum reagierte Phokion auf die beste Art, als er vor jenem Mann, der gegen ihn lästerte, zur Seite tretend zu reden aufhörte, aber sobald der freche Mensch schwieg, wieder vortrat und fortfuhr: „Also, von den Reitern und Hopliten habt ihr schon gehört, so bleibt mir noch übrig, von den Leichtbewaffneten und Plänklern zu berichten." Weil vielen diese Art zu reagieren schwerfällt und doch oft nicht ohne Nutzen mit einer richtigen Antwort den Lästerern das Maul gestopft wird, so sei eine derartige Antwort kurz und knapp in der Ausdrucksweise und zeige weder Wut noch Jähzorn, sondern eine Milde, die gepaart mit Heiterkeit und Liebenswürdigkeit doch gewissermaßen zubeißt. Am ehesten von solcher Art sind die Schlag auf Schlag parierenden Antworten. Ebenso wie alle die Geschosse, die auf den Schießenden zurückfliegen, den Eindruck erwecken, sie würden dies tun, weil sie von der Stärke und Festigkeit des Angeschossenen zurückgestoßen werden, so scheint auch die ausgesprochene Lästerung infolge besonderer Kraft und Klugheit des Geschmähten gegen den, der schmähte zurückzukehren. Zum Beispiel die Antwort, die Epameinondas dem Kallistratos[87] erteilte, der den Thebanern und Argivern höhnisch den Vatermord des Ödipus[88] und den Mutter-

πατροκτονίαν καὶ τὴν Ὀρέστου μητροκτονίαν, ὅτι „τοὺς
ταῦτα ποιήσαντας ἡμῶν ἐκβαλόντων ὑμεῖς ἐδέξασθε·"
καὶ τὸ Ἀνταλκίδου τοῦ Σπαρτιάτου πρὸς τὸν Ἀθηναῖον
τὸν φήσαντα „πολλάκις ὑμᾶς ἀπὸ τοῦ Κηφισοῦ ἐδιώξαμεν",
811 "ἀλλ' ἡμεις γ' ὑμᾶς ἀπὸ τοῦ Εὐρώτα οὐδέποτε." Χαριέντως
δὲ καὶ ὁ Φωκίων, τοῦ Δημάδου κεκραγότος „Ἀθηναῖοί σε
ἀποκτενοῦσιν·" „ἂν γε μανῶσιν" ἔφη, „σὲ δὲ, ἂν σωφρονῶσι".
Καὶ Κράσσος ὁ ῥήτωρ, Δομιτίου πρὸς αὐτὸν εἰπόντος
„οὐ σὺ μυραίνης ἐν κολυμβήθρᾳ σοι τρεφομένης εἶτ' ἀπο-
θανούσης ἔκλαυσας;" ἀντηρώτησεν „οὐ σὺ τρεῖς γυναῖκας
θάψας οὐκ ἐδάκρυσας;" Ταῦτα μὲν οὖν ἔχει τινὰ χρείαν
καὶ πρὸς τὸν ἄλλον βίον.

15. Πολιτείας δ' οἱ μὲν εἰς ἅπαν ἐνδύονται μέρος,
ὥσπερ ὁ Κάτων, οὐδεμιᾶς ἀξιοῦντες εἰς δύναμιν ἀπολεί-
πεσθαι φροντίδος οὐδ' ἐπιμελείας τὸν ἀγαθὸν πολίτην·
B καὶ τὸν Ἐπαμεινώνδαν ἐπαινοῦσιν, ὅτι φθόνῳ καὶ πρὸς
ὕβριν ἀποδειχθεὶς τελέαρχος ὑπὸ τῶν Θηβαίων οὐκ
ἠμέλησεν, ἀλλ' εἰπὼν ὡς οὐ μόνον ἀρχὴ ἄνδρα δείκνυσιν
ἀλλὰ καὶ ἀρχὴν ἀνήρ, εἰς μέγα καὶ σεμνὸν ἀξίωμα προή-
γαγε τὴν τελεαρχίαν, οὐδὲν οὖσαν πρότερον ἀλλ' ἢ περὶ
τοὺς στενωποὺς ἐκβολῆς κοπρίων καὶ ῥευμάτων ἀποτρο-
πῆς ἐπιμέλειάν τινα. Κἀγὼ δ' ἀμέλει παρέχω γέλωτα τοῖς
παρεπιδημοῦσιν, ὁρώμενος ἐν δημοσίῳ περὶ τὰ τοιαῦτα
πολλάκις· ἀλλὰ βοηθεῖ μοι τὸ τοῦ Ἀντισθένους μνημο-
νευόμενον· θαυμάσαντος γάρ τινος εἰ δι' ἀγορᾶς αὐτὸς
φέρει τάριχος, „ἐμαυτῷ γ'" εἶπεν· ἐγὼ δ' ἀνάπαλιν πρὸς
C τοὺς ἐγκαλοῦντας, εἰ κεράμῳ παρέστηκα διαμετρουμένῳ
καὶ φυράμασι καὶ λίθοις παρακομιζομένοις, „οὐκ ἐμαυτῷ

mord des Orestes[89] vorwarf: „Die Urheber dieser Untaten habt ihr bei euch aufgenommen, nachdem wir sie verbannt hatten!" Und die Entgegnung des Spartaners Antalkidas[90] an die Adresse jenes Atheners, der geprahlt hatte: „Oft haben wir euch von unserem Kephissos verjagt!" „Wir hingegen euch," so der Spartaner, „von unserem Eurotas noch kein einziges Mal!" Mit feinem Spott konterte Phokion, als Demades ihm zurief: „Die Athener werden dich noch einmal umbringen!" „Ja sicher, wenn sie von Sinnen sind, dich aber, wenn sie bei Sinnen sind!" Als der Redner Crassus[91] von Domitius[92] gefragt wurde: „Bist du nicht wegen einer Muräne, die man dir im Fischbecken unterhielt, die dann aber starb, in Tränen ausgebrochen?" die Gegenfrage: „Hast nicht du drei Ehefrauen begraben und nicht eine Träne geweint?" Diese Arten zu antworten haben bekanntlich auch im übrigen Leben einen gewissen Nutzen.

15. Bei der Verwaltung des Staates dringen die einen, wie Cato[93], in jeden Winkel ein, weil sie überzeugt sind, dass der tüchtige Staatsbürger, soweit er es vermag, keiner Sorge und keiner Mühe aus dem Weg gehen darf. So lobt man Epameinondas[94] dafür, dass er, obgleich von den Thebanern aus Missgunst und um ihn zu kränken zum einfachen Straßeninspektor ernannt, dieses Amt keineswegs nachlässig ausübte. Im Gegenteil: er erklärte, seinen Wert gebe nicht nur ein Amt dem Manne, sondern auch ein Mann dem Amte und erhob die Beaufsichtigung der Straßen zu großem und hohem Ansehen, wo sie zuvor doch nichts Anderes bedeutet hatte, als irgendwie für die Reinigung der engen Gassen von Kot und für die Ableitung von Wassermassen zu sorgen. Auch ich gebe gewiss den durchreisenden Besuchern Anlass, mich auszulachen, weil ich des Öfteren in der Öffentlichkeit bei Tätigkeiten dieser Art zu sehen bin. Indes hilft mir der bekannte Ausspruch des Antisthenes[95]. Als jemand darüber staunte, dass er selbst den gekauften Fisch über den Markt trug, antwortete er: „Ja, und zu meinem eigenen Nutzen!" Ich sage umgekehrt zu den Besuchern, die mir einen Vorwurf daraus machen, dass ich die Zuteilung von Dachziegeln und Anlieferung von Mörtel und Stein-

γε" φημί "ταῦτ' οἰκοδομῶν ἀλλὰ τῇ πατρίδι". Καὶ γὰρ εἰς ἄλλα πολλὰ μικρὸς ἄν τις εἴη καὶ γλίσχρος αὐτῷ διοικῶν καὶ δι' αὐτὸν πραγματευόμενος· εἰ δὲ δημοσίᾳ καὶ διὰ τὴν πόλιν, οὐκ ἀγεννής, ἀλλὰ μεῖζον τὸ μέχρι μικρῶν ἐπιμελὲς καὶ πρόθυμον. Ἕτεροι δὲ σεμνότερον οἴονται καὶ μεγαλοπρεπέστερον εἶναι τὸ τοῦ Περικλέους, ὧν καὶ Κριτόλαός ἐστιν ὁ Περιπατητικός, ἀξιοῦντος, ὥσπερ ἡ Σαλαμινία ναῦς Ἀθήνησι καὶ ἡ Πάραλος οὐκ ἐπὶ πᾶν ἔργον
D ἀλλ' ἐπὶ τὰς ἀναγκαίας καὶ μεγάλας κατεσπῶντο πράξεις, οὕτως ἑαυτῷ πρὸς τὰ κυριώτατα καὶ μέγιστα χρῆσθαι, ὡς ὁ τοῦ κόσμου βασιλεύς

τῶν ἄγαν γὰρ ἅπτεται θεός,
τὰ μικρὰ δ' εἰς τύχην ἀνεὶς ἐᾷ

κατὰ τὸν Εὐριπίδην Οὐδὲ γὰρ τοῦ Θεαγένους τὸ φιλότιμον ἄγαν καὶ φιλόνικον ἐπαινοῦμεν, ὃς οὐ μόνον τὴν περίοδον νενικηκὼς ἀλλὰ καὶ πολλοὺς ἀγῶνας, οὐ παγκρατίῳ μόνον ἀλλὰ καὶ πυγμῇ καὶ δολίχῳ, τέλος ἥρῷα δειπνῶν ἐπιταφίου τινός, ὥσπερ εἰώθει, προτεθείσης ἅπασι τῆς μερίδος, ἀναπηδήσας διεπαγκρατίασεν, ὡς οὐδένα νικᾶν δέον αὐτοῦ παρόντος·
Ε ὅθεν ἤθροισε χιλίους καὶ διακοσίους στεφάνους, ὧν συρφετὸν ἄν τις ἡγήσαιτο τοὺς πλείστους. Οὐδὲν οὖν τούτου διαφέρουσιν οἱ πρὸς πᾶσαν ἀποδυόμενοι πολιτικὴν πρᾶξιν, ἀλλὰ μεστοὺς τε ταχὺ ποιοῦσιν ἑαυτῶν τοὺς πολλούς, ἐπαχθεῖς τε γίνονται, καὶ κατορθοῦντες ἐπίφθονοι, κἂν σφαλῶσιν, ἐπίχαρτοι, καὶ τὸ θαυμαζόμενον αὐτῶν ἐν

material beaufsichtige: „Nicht zu meinem eigenen Nutzen baue ich hier, sondern für das Vaterland." In der Tat könnte jemand noch bei vielen anderen Beschäftigungen als ein kleinlicher, schäbiger Mensch erscheinen, wenn er für sich persönlich die Verwaltung und zu seinem eigenen Nutzen die Ausführung leitete. Täte er es aber für das allgemeine Wohl und das Vaterland, so wäre daran nichts Unehrenhaftes, sondern die bis in Kleinigkeiten reichende Sorgsamkeit und Einsatzbereitschaft wäre etwas von höherem Wert. Andere Leute meinen, würdiger und großartiger sei des Perikles Verhalten. Zu ihnen zählt auch der Peripatetiker Kritolaos[96], der folgendes forderte: so wie die Staatsgaleeren Salaminia und Paralos[97] in Athen nicht zu jeder Aufgabe, sondern nur zu den notwendigen und wichtigen Vorhaben zu Wasser gelassen wurden, so solle der Staatsmann sich selber nur in die Unternehmungen von größtem Gewicht und Ausmaß einmischen, wie es der König des Universums nach Euripides tut:

> „Nur an Großes legt Gott Hand an, Kleines gibt und überlässt er dem Geschick." (Eur. fr.974 N.)

Wir können wirklich nichts loben an der übergroßen Ruhmsucht und Streitlust des Theagenes[98], der bei den bedeutenden, doch auch vielen anderen Wettkämpfen nicht nur im Pankration, sondern auch im Faustkampf und Langstreckenlauf gesiegt hatte und nach alledem eines Tages als Gast bei einem feierlichen Leichenschmaus saß, der für irgendeinen Heros und seine Spiele stattfand. Als dort, wie üblich allen Gästen die Mahlzeit dargereicht war, sprang er auf und nahm am Pankration teil, ganz so, als ob es in seiner Gegenwart keinen anderen Sieger geben dürfte. Auf diese Weise sammelte er 1200 Siegerkränze, von denen man wohl die meisten als wertlosen Krempel ansehen dürfte. Nun unterscheiden sich von diesem Theagenes diejenigen Politiker in keiner Weise, die sich zu jeder möglichen Betätigung drängen, jedoch sie übersättigen recht bald das Volk mit ihrer Person, werden ihm lästig, und erfahren bei Erfolg seinen Neid, und wenn sie scheitern seine Schadenfreude und was man an ihrem Amtseifer

ἀρχῇ τῆς ἐπιμελείας εἰς χλευασμὸν ὑπονοστεῖ καὶ γέλωτα τοιοῦτον·

Μητίοχος μὲν γὰρ στρατηγεῖ, Μητίοχος δὲ τὰς ὁδούς,
Μητίοχος δ' ἄρτους ἐπωπᾷ, Μητίοχος δὲ τἄλφιτα,
Μητιόχῳ δὲ πάντ' ἀκεῖται, Μητίοχος δ' οἰμώξεται.

F Τῶν Περικλέους οὗτος εἷς ἦν ἑταίρων, τῇ δι' ἐκεῖνον, ὡς ἔοικε, δυνάμει χρώμενος ἐπιφθόνως καὶ κατακόρως. Δεῖ δ' ὥς, φασιν, ἐρῶντι τῷ δήμῳ τὸν πολιτικὸν προσφέρεσθαι καὶ μὴ παρόντος ἑαυτοῦ πόθον ἐναπολείπειν· ὃ καὶ Σκιπίων ὁ Ἀφρικανὸς ἐποίει πολὺν χρόνον ἐν ἀγρῷ διαιτώ-
812 μενος, ἅμα καὶ τοῦ φθόνου τὸ βάρος ἀφαιρῶν καὶ διδοὺς ἀναπνοὴν τοῖς πιέζεσθαι δοκοῦσιν ὑπὸ τῆς ἐκείνου δόξης. Τιμησίας δ' ὁ Κλαζομένιος τὰ μὲν ἄλλα ἦν περὶ τὴν πόλιν ἀνὴρ ἀγαθός, τῷ δὲ πάντα πράσσειν δι' ἑαυτοῦ φθονούμενος ἠγνόει καὶ μισούμενος, ἕως αὐτῷ συνέβη τι τοιοῦτον· ἔτυχον ἐν ὁδῷ παῖδες ἐκ λάκκου τινὸς ἀστράγαλον ἐκκόπτοντες, ἐκείνου παριόντος· ὧν οἱ μὲν ἔφασκον μένειν, ὁ δὲ πατάξας „οὕτως" εἶπεν „ἐκκόψαιμι Τιμησίου τὸν ἐγκέφαλον, ὡς οὗτος ἐκκέκοπται"· τοῦθ' ὁ Τιμησίας ἀκούσας καὶ συνεὶς τὸν διήκοντα διὰ πάντων αὐτοῦ φθόνον, ἀνα-
B στρέψας ἔφρασε τὸ πρᾶγμα τῇ γυναικί, καὶ κελεύσας ἕπεσθαι συνεσκευασμένην εὐθὺς ἀπὸ τῶν θυρῶν ᾤχετ' ἀπιὼν ἐκ τῆς πόλεως. Ἔοικε δὲ καὶ Θεμιστοκλῆς, τοιούτου τινὸς ἀπαντῶντος αὐτῷ παρὰ τῶν Ἀθηναίων εἰπεῖν „τί, ὦ μακάριοι, κοπιᾶτε πολλάκις εὖ πάσχοντες;" Τῶν δὲ τοιούτων τὰ μὲν ὀρθῶς τὰ δ' οὐκ εὖ λέλεκται. Τῇ μὲν γὰρ εὐνοίᾳ

anfänglich pries, das wird am Ende in folgender Weise verspottet und verlacht:

„Metiochos[99] betreut die Truppen, Metiochos kontrolliert die Straßen, Metiochos kontrolliert die Brote, Metiochos kontrolliert die Mehlsorten, Metiochos hat sich alles aufgeladen, Metiochos wird es noch bereuen." (Com.adesp.1325 K.)

Dieser Mann war ein Gefährte des Perikles, der den Einfluss, den er anscheinend Perikles verdankte, so sehr ausnutzte, dass er Hass und Überdruss verbreitete. Also ist es notwendig, dass der Politiker sich dem Volk gegenüber so verhält, als wäre es sozusagen sein Liebhaber und dass er durch Entzug seiner Gegenwart in ihm die Sehnsucht nach seiner Person hinterlässt. So machte das auch Scipio Africanus[100], wenn er immer wieder lange Zeit auf dem Lande weilte, wodurch er dem Neid das Erdrückende nahm und gleichzeitig denen eine Atempause gönnte, die sich von seinem Ruhm eingeengt fühlten. Timesias von Klazomenai[101] war eigentlich ein um seine Heimatstadt verdienter Mann, bemerkte aber nicht, dass er Neid und Hass auf sich zog, weil er alles in die eigene Hand nahm, bis er folgendes Erlebnis hatte: Gerade in dem Moment, als er vorbeiging, schlugen Buben auf der Straße einen Spielknöchel aus einem Erdloch heraus. Von ihnen behaupteten die einen, der Knöchel sei stecken geblieben. Da rief der Bube, der den Schlag getan hatte: „Könnte ich doch so gewiss Timesias Gehirn herausschlagen, so wahr dieser Knöchel herausgehauen ist. Sowie Timesias das hörte und den alle beseelenden Hass auf seine Person erkannte, kehrte er um, schilderte seiner Frau den Vorfall, gebot ihr, sich fertig zu machen und zu folgen, und begab sich direkt vom Haustor weg eilig zur Stadt hinaus. Themistokles hat angeblich, als ihm von den Athenern etwas Ähnliches widerfuhr, ausgerufen: „Warum, meine Lieben, seid ihr so verdrossen, wenn ihr so oft Wohltaten empfangt?" Von den erwähnten Verhaltensweisen sind die einen richtig, die anderen falsch. Keiner der öffentlichen Aufgaben darf man sich mit seinem wohlwollenden Beistand entziehen, sondern muss auf alle sein Augenmerk rich-

καὶ κηδεμονίᾳ δεῖ μηδενὸς ἀφεστάναι τῶν κοινῶν, ἀλλὰ πᾶσι προσέχειν καὶ γιγνώσκειν ἕκαστα, μηδ', ὥσπερ ἐν πλοίῳ σκεῦος ἱερόν ἀποκεῖσθαι τὰς ἐσχάτας περιμένοντα χρείας τῆς πόλεως καὶ τύχας· ἀλλ' ὡς οἱ κυβερνῆται τὰ
C μὲν ταῖς χερσὶ δι' αὑτῶν πράττουσι, τὰ δ' ὀργάνοις ἑτέροις δι' ἑτέρων ἄπωθεν καθήμενοι περιάγουσι καὶ στρέφουσι, χρῶνται δὲ καὶ ναύταις καὶ πρῳρεῦσι καὶ κελευσταῖς, καὶ τούτων ἐνίους ἀνακαλούμενοι πολλάκις εἰς πρύμναν ἐγχειρίζουσι τὸ πηδάλιον, οὕτως τῷ πολιτικῷ προσήκει παραχωρεῖν μὲν ἑτέροις ἄρχειν καὶ προσκαλεῖσθαι πρὸς τὸ βῆμα μετ' εὐμενείας καὶ φιλανθρωπίας, κινεῖν δὲ μὴ πάντα τὰ τῆς πόλεως τοῖς αὑτοῦ λόγοις καὶ ψηφίσμασιν ἢ πράξεσιν, ἀλλ' ἔχοντα πιστοὺς καὶ ἀγαθοὺς ἄνδρας ἕκαστον ἑκάστῃ χρείᾳ κατὰ τὸ οἰκεῖον προσαρμόττειν· ὡς Περικλῆς Μενίππῳ μὲν ἐχρῆτο πρὸς τὰς
D στρατηγίας, δι' Ἐφιάλτου δὲ τὴν ἐξ Ἀρείου πάγου βουλὴν ἐταπείνωσε, διὰ δὲ Χαρίνου τὸ κατὰ Μεγαρέων ἐκύρωσε ψήφισμα, Λάμπωνα δὲ Θουρίων οἰκιστὴν ἐξέπεμψεν. Οὐ γὰρ μόνον τῆς δυνάμεως εἰς πολλοὺς διανέμεσθαι δοκούσης ἧττον ἐνοχλεῖ τὸν φθόνον τὸ μέγεθος, ἀλλὰ καὶ τὰ τῶν χρειῶν ἐπιτελεῖται μᾶλλον. Ὡς γὰρ ὁ τῆς χειρὸς εἰς τοὺς δακτύλους μερισμὸς οὐκ ἀσθενῆ πεποίηκεν ἀλλὰ τεχνικὴν καὶ ὀργανικὴν αὐτῆς τὴν χρῆσιν, οὕτως ὁ πραγμάτων ἑτέροις ἐν πολιτείᾳ μεταδιδοὺς ἐνεργοτέραν ποιεῖ τῇ κοινωνίᾳ τὴν πρᾶξιν· ὁ δ' ἀπληστίᾳ δόξης ἢ δυνάμεως πᾶσαν αὑτῷ τὴν πόλιν ἀνατιθεὶς καὶ πρὸς ὃ μὴ πέφυκε
E μηδ' ἤσκηται προσάγων αὑτόν, ὡς Κλέων πρὸς τὸ στρατηγεῖν Φιλοποίμην δὲ πρὸς τὸ ναυαρχεῖν Ἀννίβας δὲ πρὸς τὸ δημηγορεῖν, οὐκ ἔχει παραίτησιν ἁμαρτάνων, ἀλλὰ προσακούει τὸ τοῦ Εὐριπίδου

ten und jede einzelne kennen lernen und nicht wie der heilige Anker[102] auf einem Schiff nutzlos beiseite liegen bleiben und nur auf die höchsten Nöte und Unglücksfälle des Staates warten. Im Gegenteil, so wie die Steuermänner den einen Teil der Arbeiten mit eigenen Händen erledigen, den Rest der Arbeiten aber mit Ziehen und Drehen an Instrumenten im Sitzen aus der Ferne durch andere ausführen lassen und dabei Matrosen, Bootsmänner, Taktgeber einsetzen und von diesen den einen oder anderen des Öfteren zum Heck beordern und ihm das Steuer in die Hand geben, genauso sollte auch ein Staatsmann andere Männer zum Regieren an seinen Platz lassen, sie wohlmeinend und uneigennützig zur Rednertribüne einladen und nicht alles im Staate durch eigene Reden, Gesetzesanträge oder Verhandlungen in Gang bringen: er sollte vielmehr viele tüchtige Männer zur Verfügung haben und jeden einzelnen je nach Eignung an die jeweils passende Aufgabe setzen. So nahm Perikles zu seinen Feldzügen den Menippos[103] in seine Dienste, mit des Ephialtes[104] Hilfe schwächte er die Macht des Areopags, durch Charinos[105] erreichte er die Annahme des Gesetzes gegen Megara, den Lampon[106] endlich entsandte er zur Gründung von Thurioi. Wenn Machtfülle auf viele Köpfe aufgeteilt erscheint, ist sie mit ihrer Größe nicht nur weniger erdrückend für Neider, sondern dann werden auch die staatlichen Aufgaben besser ausgeführt. Wie die Aufgliederung der Hand in die fünf Finger ihren Gebrauchswert nicht gemindert hat, sondern sie als Werkzeug tauglicher und für die Künste geeigneter gemacht hat, so gestaltet einer, der Teile seiner Aufgaben an andere im Staat weiterreicht, seine Tätigkeit durch die Zusammenarbeit wirkungsvoller. Wer allerdings aus unersättlicher Ruhmsucht oder Machtgier alle staatlichen Befugnisse sich selber zuschanzt und sich an Aufgaben heranwagt, für die er nicht begabt oder geübt ist, wie Kleon[107] für die Kriegsführung, Philopoimen[108] für das Kommandieren zur See und Hannibal[109] für das Reden in der Volksversammlung, der hat keine Entschuldigung für Misserfolge, muss sich vielmehr zusätzlich dieses Wort des Euripides anhören:
„Du als Zimmermann wagtest dich an anderes als Holzbearbeitung!"
(Eur. fr.988 N).

τέκτων γὰρ ὢν ἔπρασσες οὐ ξυλουργικά,

λέγειν ἀπίθανος ὢν ἐπρέσβευες ἢ ῥᾴθυμος ὢν ᾠκονόμεις, ψήφων ἄπειρος ἐταμίευες, ἢ γέρων καὶ ἀσθενὴς ἐστρατήγεις. Περικλῆς δὲ καὶ πρὸς Κίμωνα διενείματο τὴν δύναμιν, αὐτὸς μὲν ἄρχειν ἐν ἄστει, τὸν δὲ πληρώσαντα τὰς ναῦς τοῖς βαρβάροις πολεμεῖν· ἦν γὰρ ὁ μὲν πρὸς πολι-
F τείαν, ὁ δὲ πρὸς πόλεμον εὐφυέστερος. Ἐπαινοῦσι δὲ καὶ τὸν Ἀναφλύστιον Εὔβουλον, ὅτι πίστιν ἔχων ἐν τοῖς μάλιστα καὶ δύναμιν οὐδὲν τῶν Ἑλληνικῶν ἔπραξεν οὐδ' ἐπὶ στρατηγίαν ἦλθεν, ἀλλ' ἐπὶ τὰ χρήματα τάξας ἑαυτὸν ηὔξησε τὰς κοινὰς προσόδους καὶ μεγάλα τὴν πόλιν ἀπὸ τούτων ὠφέλησεν. Ἰφικράτης δέ, καὶ μελέτας λόγων
813 ποιούμενος ἐν οἴκῳ πολλῶν παρόντων, ἐχλευάζετο· καὶ γὰρ εἰ λογεὺς ἀγαθὸς ἀλλὰ μὴ φαῦλος ἦν, ἔδει τὴν ἐν τοῖς ὅπλοις δόξαν ἀγαπῶντα τῆς σχολῆς ἐξίστασθαι τοῖς σοφισταῖς.

16. Ἐπεὶ δὲ παντὶ δήμῳ τὸ κακόηθες καὶ φιλαίτιον ἔνεστι πρὸς τοὺς πολιτευομένους, καὶ πολλὰ τῶν χρησίμων, ἂν μὴ στάσιν ἔχῃ μηδ' ἀντιλογίαν, ὑπονοοῦσι πράττεσθαι συνωμοτικῶς, καὶ τοῦτο διαβάλλει μάλιστα τὰς ἑταιρείας καὶ φιλίας, ἀληθινὴν μὲν ἔχθραν ἢ διαφορὰν οὐδεμίαν ἑαυτοῖς ὑπολειπτέον, ὡς ὁ τῶν Χίων δημαγωγὸς ὄνομα Δῆμος οὐκ εἴα τῇ στάσει κρατήσας, πάντας ἐκβάλ-
B λειν τοὺς ὑπεναντίους, „ὅπως" ἔφη „μὴ πρὸς τοὺς φίλους ἀρξώμεθα διαφέρεσθαι, τῶν ἐχθρῶν παντάπασιν ἀπαλλαγέντες"· τοῦτο μὲν γὰρ εὔηθες· ἀλλ' ὅταν ὑπόπτως ἔχωσιν οἱ πολλοὶ πρός τι πρᾶγμα καὶ μέγα καὶ σωτήριον, οὐ δεῖ πάντας ὥσπερ ἀπὸ συντάξεως ἥκοντας τὴν αὐτὴν λέγειν γνώμην, ἀλλὰ καὶ δύο καὶ τρεῖς διαστάντας ἀντιλέγειν

Als Redner, der nicht überzeugen kann, wolltest du ein Gesandter werden, als leichtsinniger Verschwender ein Hausverwalter, unvertraut mit Rechentafeln ein Schatzmeister oder als kraftloser Greis ein General. Perikles gab sogar an Kimon[110] einen Teil der Macht ab, so dass er selber in Athen regierte, jener dafür die Flotte ausrüstete und gegen die Barbaren kämpfte. Der eine hatte nämlich für die Staatsverwaltung, der andere für die Kriegsführung die bessere Begabung. Lobende Worte hat man auch für Euboulos[111] aus Anaphlystos, weil er, glaubwürdig und einflussreich wie kaum jemand, sich dennoch nicht in die Händel zwischen den Griechen mischte, nicht einmal die Oberste Heeresleitung anstrebte, sondern nur die athenischen Staatsfinanzen in seine Verantwortung übernahm, die öffentlichen Einnahmen steigerte und so von dieser Seite her dem Staat von großem Nutzen war. Anders Iphikrates[112] er erntete Hohn und Spott, weil er im eigenen Haus vor vielen Anwesenden Übungsreden hielt. Selbst wenn er ein guter und kein schlechter Redner gewesen wäre, hätte er sich mit seinem Waffenruhm zufriedengeben und die Übungen den Sophisten überlassen sollen.

16. Da sich nun einmal in jedem Volk der Argwohn und die Tadelsucht gegen die Politik treibenden Mitbürger regt, und da das Volk hinter vielen nützlichen Maßnahmen argwöhnisch verschwörungsartige politische Machenschaften vermutet, wenn diese weder von Widerstand noch von kritischen Debatten begleitet werden, und da dieser Umstand besonders die Clubs und Freundschaftsbünde Verdächtigungen aussetzt, so dürfen die Politiker unter einander keine echte Feindschaft oder Meinungsverschiedenheit bestehen lassen. So erlaubte der Volksführer von Chios namens Demos[113] nicht, dass nach seinem Sieg im Kampf der Parteien sämtliche Gegner verbannt würden, „damit wir nicht," so sagte er, „mit den Freunden zu streiten beginnen, nachdem wir uns der Feinde entledigt haben." Das ist freilich einfältig! Aber sollte einmal das versammelte Volk Argwohn gegen ein wichtiges und segensreiches Vorhaben hegen, dann dürfen nicht alle Für-

ἠρέμα τῶν φίλων, εἶθ' ὥσπερ ἐξελεγχομένους μετατίθεσθαι· συνεφέλκονται γὰρ οὕτω τὸν δῆμον, ὑπὸ τοῦ συμφέροντος ἄγεσθαι δόξαντες. Ἐν μέντοι τοῖς ἐλάττοσι καὶ πρὸς μέγα μηδὲν διήκουσιν οὐ χεῖρόν ἐστι καὶ ἀληθῶς ἐᾶν δια-
C φέρεσθαι τοὺς φίλους, ἕκαστον ἰδίῳ λογισμῷ χρώμενον, ὅπως περὶ τὰ κυριώτατα καὶ μέγιστα φαίνωνται πρὸς τὸ βέλτιστον οὐκ ἐκ παρασκευῆς ὁμοφρονοῦντες.

17. Φύσει μὲν οὖν ἄρχων ἀεὶ πόλεως ὁ πολιτικός ὥσπερ ἡγεμὼν ἐν μελίτταις καὶ τοῦτο χρὴ διανοούμενον ἔχειν τὰ δημόσια διὰ χειρός· ἃς δ' ὀνομάζουσιν ἐξουσίας καὶ χειροτονοῦσιν ἀρχὰς μήτ' ἄγαν διώκειν καὶ πολλάκις, οὐ γὰρ σεμνὸν οὐδὲ δημοτικὸν ἡ φιλαρχία, μήτ' ἀπωθεῖσθαι, τοῦ δήμου κατὰ νόμον διδόντος καὶ καλοῦντος· ἀλλὰ κἂν ταπεινότεραι τῆς δόξης ὦσι, δέχεσθαι καὶ συμφιλοτιμεῖσθαι. Δίκαιον γὰρ ὑπὸ τῶν μειζόνων κοσμουμένους
D ἀρχῶν ἀντικοσμεῖν τὰς ἐλάττονας, καὶ τῶν μὲν βαρυτέρων, οἷον στρατηγίας Ἀθήνησι καὶ πρυτανείας ἐν Ῥόδῳ καὶ βοιωταρχίας παρ' ἡμῖν, ὑφίεσθαί τι καὶ παρενδιδόναι μετριάζοντα, ταῖς δὲ μικροτέραις ἀξίωμα προστιθέναι καὶ ὄγκον, ὅπως μήτε περὶ ταύτας εὐκαταφρόνητοι μήτ' ἐπίφθονοι περὶ ἐκείνας ὦμεν. Εἰσιόντα δ' εἰς ἅπασαν ἀρχὴν οὐ μόνον ἐκείνους δεῖ προχειρίζεσθαι τοὺς λογισμούς, οἷς ὁ Περικλῆς αὑτὸν ὑπεμίμνησκεν ἀναλαμβάνων τὴν

sprecher, wie wenn sie sich zusammengetan hätten, mit derselben Meinung auftreten, sondern zwei oder drei von ihnen müssen sich gegen die Freunde stellen und unaufgeregt Widerspruch einlegen, und erst dann, als ob sie sich restlos widerlegt sähen, ihre Meinung ändern. So nehmen sie das Volk mit zu ihrem Ziel, da sie den Eindruck erwecken, vom öffentlichen Interesse geleitet zu werden. Bei geringeren und auf nichts Großes gerichteten Vorhaben ist es nicht minder wirksam, die Freunde auch wirklich streiten zu lassen, wobei jeder die eigene Begründung einbringt, damit sie bei den Anliegen von größter Tragweite und Bedeutung als solche Männer angesehen werden, die nur zum Besten des Staates alle gleicher Meinung sind, ohne sich etwa abgesprochen zu haben.

17. Von Natur aus ist also der Staatsmann wie der König[114] bei den Bienen immerfort der Lenker seines Staates, und aus einem solchen Bewusstsein heraus darf er den Dienst am Staat nie aus der Hand geben. Er muss aber nach den Ämtern, die das Volk „Oberste Staatsbehörden" nennt und durch Volkswahl zuteilt, weder allzu heftig und häufig streben – ehrwürdig und volkstümlich ist Herrschbegier ja nicht - noch darf er sie zurückweisen, wenn das Volk sie den Gesetzen gemäß verleiht und ihn dazu auffordert. Sogar, wenn sie mit ihrem geringeren Wert seinem Ansehen nicht gerecht werden, muss er sie annehmen und sich darin wie jeder andere auszuzeichnen suchen. Es ist ja gerecht, dass man als einer, der jener höheren Ämter gewürdigt wurde, den niedrigeren dafür seine Ehre erweist und von den Ämtern, die ein größeres Gewicht haben, zum Beispiel der Strategie in Athen, der Prytanie auf Rhodos und bei uns der Boiotarchie, auf das richtige Maß achtend etwas abzieht und weggibt, den kleinen Ämtern aber Geltung und Gewicht zulegt, damit wir weder bei Ausübung dieser missachtet noch bei Ausübung jener beneidet und gehasst werden. Bei jedem Amtsantritt sollte der Politiker sich nicht nur jene Überlegung vergegenwärtigen, mit der Perikles sich selber ermahnte, sooft er die Amtstracht anlegte: „Sei vorsichtig, Perikles! Über freie Männer herrschst du, du herrschst über Hellenen, über die Bürger von Athen!" Aber auch jenes Wort sollte er an sich

χλαμύδα, „πρόσεχε, Περίκλεις· έλευθέρων ἄρχεις, Ἑλλήνων ἄρχεις, πολιτῶν Ἀθηναίων·" ἀλλὰ κἀκεῖνο λέγειν πρὸς ἑαυτόν „ἀρχόμενος ἄρχεις, ὑποτεταγμένης πόλεως
E ἀνθυπάτοις, ἐπιτρόποις Καίσαρος"·

οὐ ταῦτα λόγχης πεδία,

οὐδ' αἱ παλαιαὶ Σάρδεις οὐδ' ἡ Λυδῶν ἐκείνη δύναμις· εὐσταλεστέραν δεῖ τὴν χλαμύδα ποιεῖν, καὶ βλέπειν ἀπὸ τοῦ στρατηγίου πρὸς τὸ βῆμα, καὶ τῷ στεφάνῳ μὴ πολὺ ✥ φρόνημα πιστεύειν, ὁρῶντα τοὺς καλτίους ἐπάνω τῆς κεφαλῆς, ἀλλὰ μιμεῖσθαι τοὺς ὑποκριτάς, πάθος μὲν ἴδιον καὶ ἦθος καὶ ἀξίωμα τῷ ἀγῶνι προστιθέντας, τοῦ δ' ὑποβολέως ἀκούοντας καὶ μὴ παρεκβαίνοντας τοὺς ῥυθμοὺς καὶ τὰ μέτρα τῆς διδομένης ἐξουσίας ὑπὸ τῶν κρατούντων. Ἡ γὰρ ἔκπτωσις οὐ φέρει συριγμὸν οὐδὲ
F χλευασμὸν οὐδὲ κλωγμόν, ἀλλὰ πολλοῖς μὲν ἐπέβη

δεινὸς κολαστὴς πέλεκυς αὐχένος τομεύς,

ὡς τοῖς περὶ Παρδαλᾶν τὸν ὑμέτερον ἐκλαθομένοις τῶν ὅρων· ὁ δέ τις ἐκριφεὶς εἰς νῆσον γέγονε κατὰ τὸν Σόλωνα

814
Φολεγάνδριος ἢ Σικινήτης,
ἀντὶ γ' Ἀθηναίου πατρίδ' ἀμειψάμενος.

Τὰ μὲν γὰρ μικρὰ παιδία τῶν πατέρων ὁρῶντες ἐπιχειροῦντα τὰς κρηπῖδας ὑποδεῖσθαι καὶ τοὺς στεφάνους περιτίθεσθαι μετὰ παιδιᾶς γελῶμεν· οἱ δ' ἄρχοντες ἐν ταῖς πόλεσιν ἀνοήτως τὰ τῶν προγόνων ἔργα καὶ φρονήματα καὶ πράξεις ἀσυμμέτρους τοῖς παροῦσι καιροῖς

richten: „Nur als Beherrschter bist du ein Herrscher, denn dein Staat ist den Prokonsuln untergeben, des Kaisers Verwaltern!"

„Vor uns liegt kein Feld zum Kampf mit Lanzen,"
(Soph. Trach. 1058)

auch nicht das altehrwürdige Sardes[115] und nicht die einstige Lydermacht. Bescheidener sollte man seine Amtstracht gestalten, den Blick von dem Feldherrntribunal hinweg zur Rednertribüne richten und niemals bis zur Hochmütigkeit auf seinen Rednerkranz[116] vertrauen, während man doch über seinem Haupt Senatorenschuhe[117] erblickt. Vielmehr soll der Politiker die Schauspieler nachahmen, wie sie einerseits in das jeweilige Stück die eigene Leidenschaft, ihre Eigenart und Würde einbringen, andererseits aber auf den Souffleur horchen und nicht über die Freiheit hinausgehen, die ihnen für Rhythmen und Versmaße von den Spielleitern gegeben wurde. Eine solche Grenzverletzung provoziert nicht Pfeifkonzert, nicht Hohngelächter und nicht Geheul, sondern schon viele ereilte

„ein schrecklicher Rächer, das den Nacken durchschneidende Beil",
(Trag.adesp.fr.412)

wie es eurem Landsmann Pardalas[118] und seinen Leuten erging, als sie die Grenzen ihres Tuns vergaßen. Und manch einer, verbannt auf eine Insel, verwandelte sich, wie es bei Solon heißt:

„aus einem Athener, nachdem er das Vaterland gewechselt hatte, zu einem Pholegandrier[119] oder Sikiniten." (Solon fr.2,3f. D.)

Die kleinen Kinder, die wir dabei beobachten können, wie sie versuchen, die Stiefel der Väter anzuziehen und sich zum Spaß ihre Kränze auf den Kopf zu setzen, reizen uns zum Lachen. Aber die Regierenden, die in ihren Staaten unvernünftiger Weise empfehlen, die großen Werke, die hohen Ideen und Handlungsweisen der Ahnen, die zu den allgemeinen und politischen Gegebenhei-

καὶ πράγμασιν οὔσας μιμεῖσθαι κελεύοντες ἐξαίρουσι τὰ πλήθη, γελοῖά τε ποιοῦντες οὐκέτι γέλωτος ἄξια πάσχουσιν, ἂν μὴ πάνυ καταφρονηθῶσι. Πολλὰ γὰρ ἔστιν ἄλλα τῶν πρότερον Ἑλλήνων διεξιόντα τοῖς νῦν ἠθοποιεῖν καὶ
B σωφρονίζειν, ὡς Ἀθήνησιν ὑπομιμνήσκοντα μὴ τῶν πολεμικῶν, ἀλλ' οἷόν ἐστι τὸ ψήφισμα τὸ τῆς ἀμνηστίας ἐπὶ τοῖς τριάκοντα· καὶ τὸ ζημιῶσαι Φρύνιχον τραγῳδίαν διδάξαντα τὴν Μιλήτου ἅλωσιν· καὶ ὅτι Θήβας Κασάνδρου κτίζοντος ἐστεφανηφόρησαν, τὸν δ' ἐν Ἄργει πυθόμενοι σκυταλισμόν, ἐν ᾧ πεντακοσίους καὶ χιλίους ἀνῃρήκεσαν ἐξ αὐτῶν οἱ Ἀργεῖοι, περιενεγκεῖν καθάρσιον περὶ τὴν ἐκκλησίαν ἐκέλευσαν· ἐν δὲ τοῖς Ἁρπαλείοις τὰς οἰκίας ἐρευνῶντες, μόνην τὴν τοῦ γεγαμηκότος νεωστὶ παρῆλθον. Ταῦτα γὰρ καὶ νῦν ἔξεστι ζηλοῦντας ἐξομοιοῦ-
C σθαι τοῖς προγόνοις· τὸν δὲ Μαραθῶνα καὶ τὸν Εὐρυμέδοντα καὶ τὰς Πλαταιάς, καὶ ὅσα τῶν παραδειγμάτων οἰδεῖν ποιεῖ καὶ φρυάττεσθαι διακενῆς τοὺς πολλούς, ἀπολιπόντας ἐν ταῖς σχολαῖς τῶν σοφιστῶν.

18. Οὐ μόνον δὲ δεῖ παρέχειν αὐτὸν [τε] καὶ τὴν πατρίδα πρὸς τοὺς ἡγουμένους ἀναίτιον, ἀλλὰ καὶ φίλον ἔχειν ἀεί τινα τῶν ἄνω δυνατωτάτων, ὥσπερ ἕρμα τῆς πολιτείας βέβαιον (αὐτοὶ γάρ εἰσι Ῥωμαῖοι πρὸς τὰς πολιτικὰς σπουδὰς προθυμότατοι τοῖς φίλοις), καὶ καρπόν, ἐκ φιλίας ἡγεμονικῆς λαμβάνοντα, οἷον ἔλαβε Πολύβιος καὶ Παναίτιος τῇ Σκιπίωνος εὐνοίᾳ πρὸς αὐτοὺς μεγάλα τὰς
D πατρίδας ὠφελήσαντες εἰς εὐδαιμονίαν, ἐξενέγκασθαι καλόν. Ἄρειόν τε Καῖσαρ, ὅτε τὴν Ἀλεξάνδρειαν εἷλε, διὰ χειρὸς ἔχων καὶ μόνῳ προσομιλῶν τῶν συνήθων συν-

ten der Gegenwart nicht passen, nachzuahmen, flößen den Massen Größenwahn ein, und was ihnen daraufhin widerfährt, ist nicht zum Lachen, wenn ihnen nicht sogar tiefste Verachtung begegnet. Es besteht ja die Möglichkeit, durch Schilderung vieler anderer Taten der einstigen Hellenen den jetzt lebenden Geschlechtern Gesittung und gesundes Denken zu vermitteln, zum Beispiel, wenn man bei Athen nicht die kriegerischen Erfolge erwähnt, sondern was es mit dem Amnestie-Gesetz[120] für die dreißig Tyrannen auf sich hat. Auch dass sie Phrynichos[121] dafür bestraften, dass er in einer Tragödie die Eroberung Milets auf die Bühne gebracht hatte. Ferner, dass sie sich anlässlich der Neugründung Thebens durch Kassandros[122] feierlich ihre Häupter bekränzten, dagegen Opfergaben zu ihrer rituellen Reinigung rings um die Volksversammlung tragen ließen, nachdem sie von dem in Argos[123] erfolgten mörderischen Niederknüppeln erfahren hatten, bei dem die Argiver 1500 Bürger aus ihrer Mitte umgebracht hatten. Als sie während des Harpalos-Prozesses die Privathäuser durchsuchen ließen, übergingen sie einzig und allein das Haus des Bürgers, der sich erst jüngst vermählt hatte. Solchen Vorbildern nacheifernd können wir auch heute unseren Vorfahren ähnlich werden, dagegen Marathon[124], Eurymedon und Plataiai und alle die historischen Beispiele, welche das Volk sich in falschem Stolz aufblasen und überheblich werden lassen, sollten wir ihren Platz in den Schulreden der Sophisten belassen.

18. Der Politiker muss einerseits nicht nur selber mitsamt seinem Vaterland ein untadeliges Verhalten gegenüber den Machthabern an den Tag legen, er muss zudem auch stets unter den Mächtigsten an der Reichsspitze einen Freund besitzen, gleichsam als feste Stütze seiner Politik – die Römer selber sind ja bei politischen Anliegen zu ihren Freunden äußerst hilfsbereit - und es ist gut und schön, Vorteil aus der Freundschaft zu Machthabern zu ziehen wie Polybios[125] und Panaitios, die durch die Zuneigung des Scipio zu ihnen ihren Vaterländern zu großer Wohlfahrt verhelfen konnten. Den Philosophen Areios[126] ließ Augustus in das eben eroberte Alexandria mit sich Einzug halten, indem er

εἰσήλασεν, εἶτα τοῖς Ἀλεξανδρεῦσι τὰ ἔσχατα προσδοκῶσι καὶ δεομένοις ἔφη διαλλάττεσθαι διά τε τὸ μέγεθος τῆς πόλεως καὶ διὰ τὸν οἰκιστὴν Ἀλέξανδρον, „καὶ τρίτον" ἔφη „τῷ φίλῳ μου τούτῳ χαριζόμενος". Ἆρά γ' ἄξιον τῇ χάριτι ταύτῃ παραβαλεῖν τὰς πολυταλάντους ἐπιτροπὰς καὶ διοικήσεις τῶν ἐπαρχιῶν, ἃς διώκοντες οἱ πολλοὶ γηράσκουσι πρὸς ἀλλοτρίαις θύραις, τὰ οἴκοι προλιπόντες,
E ἢ τὸν Εὐριπίδην ἐπανορθωτέον, ᾄδοντα καὶ λέγοντα ὡς, εἴπερ ἀγρυπνεῖν χρὴ καὶ φοιτᾶν ἐπ' αὐλὴν ἑτέρου καὶ ὑποβάλλειν ἑαυτὸν ἡγεμονικῇ συνηθείᾳ, πατρίδος πέρι κάλλιστον ἐπὶ ταῦτα χωρεῖν, τὰ δ' ἄλλα τὰς ἐπὶ τοῖς ἴσοις καὶ δικαίοις φιλίας ἀσπάζεσθαι καὶ φυλάττειν;

19. Ποιοῦντα μέντοι καὶ παρέχοντα τοῖς κρατοῦσιν εὐπειθῆ τὴν πατρίδα δεῖ μὴ προσεκταπεινοῦν, μηδὲ τοῦ σκέλους δεδεμένου προσυποβάλλειν καὶ τὸν τράχηλον, ὥσπερ ἔνιοι, καὶ μικρὰ καὶ μείζω φέροντες ἐπὶ τοὺς ἡγεμόνας, ἐξονειδίζουσι τὴν δουλείαν, μᾶλλον δ' ὅλως τὴν
F πολιτείαν ἀναιροῦσι, καταπλῆγα καὶ περιδεῆ καὶ πάντων ἄκυρον ποιοῦντες. Ὥσπερ γὰρ οἱ χωρὶς ἰατροῦ μήτε δειπνεῖν μήτε λούεσθαι συνεθισθέντες οὐδ' ὅσον ἡ φύσις δίδωσι χρῶνται τῷ ὑγιαίνειν, οὕτως οἱ παντὶ δόγματι καὶ συνεδρίῳ καὶ χάριτι καὶ διοικήσει προσάγοντες ἡγεμονικὴν κρίσιν ἀναγκάζουσιν ἑαυτῶν μᾶλλον ἢ βούλονται
815 δεσπότας εἶναι τοὺς ἡγουμένους. Αἰτία δὲ τούτου μάλιστα πλεονεξία καὶ φιλονικία τῶν πρώτων· ἢ γὰρ ἐν οἷς βλάπτουσι τοὺς ἐλάττονας ἐκβιάζονται φεύγειν τὴν πόλιν, ἢ

ihn an der Hand führte und unter allen Begleitern nur an ihn das Wort richtete. Darauf eröffnete er den Alexandrinern, die auf das Schlimmste gefasst waren und um Milde baten, er gewähre ihnen Versöhnung, zum einen wegen der Großartigkeit ihrer Stadt, sodann wegen ihres Gründers Alexander und „drittens", so sprach er, „um meinem lieben Freund hier einen Gefallen zu tun." Ist es wohl angebracht, mit Freundschaftsgeschenken solcher Art die hochdotierten Verwaltungs- und Regierungsposten in den Provinzen zu vergleichen, denen die meisten nachjagen und dabei vor fremden Türen alt werden und die Aufgaben in ihrer Heimat hinter sich lassen? Oder muss man besser Euripides berichtigen, indem man seine Verse so lauten lässt: wenn es schon nötig sei, seinen Schlaf zu opfern, am Hofe eines andern ein und aus zu gehen und sich in das Gefolge eines Großen einzuordnen, dann sei es am richtigsten, solches für das Vaterland auf sich zu nehmen, im Übrigen aber solche Freundschaften einzugehen und zu bewahren, die auf gleichen und gerechten Bedingungen gründeten.

19. Wenn man jedoch sein Vaterland veranlasst, den Herrschenden gegenüber eine willige Gefolgschaft einzugehen und an ihr festzuhalten, dann muss man es nicht noch zusätzlich erniedrigen und seinen Nacken unter das Joch legen, wenn seine Beine schon gefesselt sind. So klagen zwar etliche Politiker, die ebenso ihre kleinen wie die größeren Vorhaben den kaiserlichen Statthaltern zur Entscheidung vorlegen, über ihre Knechtschaft, zerstören aber eher selber das eigenständige staatliche Handeln ganz und gar, weil sie es schreckhaft, ängstlich und in allen Bereichen zu eigenständigen Entscheidungen unfähig machen. Gerade so wie Menschen, die daran gewöhnt sind, ohne ihren Arzt weder zu essen noch zu baden, nicht einmal in der Zeit ihre Gesundheit zu nutzen wagen, wo es ihr Befinden zuließe, so zwingen diejenigen, die für jedes Volksdekret, jeden Ratsbeschluss, jedes Ehrendiplom und jeden Verwaltungsakt eine obrigkeitliche Bewilligung einholen, die Machthaber dazu, mehr als ihnen recht ist, als die Herren aufzutreten. Schuld daran sind hauptsächlich die Eigennützigkeit und die Herrschbegier der in der ersten Reihe ste-

περὶ ὧν διαφέρονται πρὸς ἀλλήλους οὐκ ἀξιοῦντες ἐν τοῖς πολίταις ἔχειν ἔλαττον ἐπάγονται τοὺς κρείττονας· ἐκ τούτου δὲ καὶ βουλὴ καὶ δῆμος καὶ δικαστήρια καὶ ἀρχὴ πᾶσα τὴν ἐξουσίαν ἀπόλλυσι. Δεῖ δὲ τοὺς μὲν ἰδιώτας ἰσότητι, τοὺς δὲ δυνατοὺς ἀνθυπείξει πραΰνοντα κατέχειν ἐν τῇ πολιτείᾳ καὶ διαλύειν τὰ πράγματα, πολιτικήν τινα ποιούμενον αὐτῶν, ὥσπερ νοσημάτων ἀπορρήτων ἰατρείαν,
B αὐτόν τε μᾶλλον ἡττᾶσθαι βουλόμενον ἐν τοῖς πολίταις ἢ νικᾶν ὕβρει καὶ καταλύσει τῶν οἴκοι δικαίων, τῶν τ' ἄλλων ἑκάστου δεόμενον καὶ διδάσκοντα τὴν φιλονεικίαν ὅσον ἐστὶ κακόν. Νῦν, δ' ὅπως μὴ πολίταις καὶ φυλέταις οἴκοι καὶ γείτοσι καὶ συνάρχουσιν ἀνθυπείξωσι μετὰ τιμῆς καὶ χάριτος, ἐπὶ ῥητόρων θύρας καὶ πραγματικῶν χεῖρας ἐκφέρουσι σὺν πολλῇ βλάβῃ καὶ αἰσχύνῃ τὰς διαφοράς. Οἱ μὲν γὰρ ἰατροὶ τῶν νοσημάτων ὅσα μὴ δύνανται παντάπασιν ἀνελεῖν ἔξω τρέπουσιν εἰς τὴν ἐπιφάνειαν τοῦ σώματος· ὁ δὲ πολιτικός, ἂν μὴ δύνηται τὴν πόλιν ἀπράγμονα παντελῶς διαφυλάττειν, ἐν αὐτῇ γε πειράσεται τὸ
C ταρασσόμενον αὐτῆς καὶ στασιάζον ἀποκρύπτων ἰᾶσθαι καὶ διοικεῖν, ὡς ἂν ἥκιστα τῶν ἐκτὸς ἰατρῶν καὶ φαρμάκων δέοιτο. Ἡ μὲν γὰρ προαίρεσις ἔστω τοῦ πολιτικοῦ τῆς ἀσφαλείας ἐχομένη καὶ φεύγουσα τὸ ταρακτικὸν τῆς κενῆς δόξης καὶ μανικόν, ὡς εἴρηται.Τῇ μέντοι διαθέσει φρόνημα καὶ μένος πολυθαρσὲς ἐνέστω

henden Bürger. Entweder zwingen sie unterlegene Mitbürger mit der Methode, sie an ihrem Vermögen zu schädigen, zum Verlassen der Stadt. Oder sie holen sich bei Gelegenheit eines gegenseitigen Streits, die Machthaber zu Hilfe, weil sie nicht akzeptieren, unter den Mitbürgern eine geringere Rolle zu spielen. Daher kommt es, dass sowohl das Ratsgremium wie die Volksversammlung, die Gerichtshöfe und auch jegliches Staatsamt seine Macht verliert. Es ist also notwendig, die einfachen Bürger durch Gewährung der Gleichheit friedlich zu stimmen, die einflussreichen aber durch gegenseitige Nachgiebigkeit, und auf diese Art die Konflikte innerhalb des Staates zurückzuhalten und zu entschärfen. Der Staatsmann muss eine Art politischer Therapie durchführen, als ginge es um geheime Krankheiten: einesteils ist er selber bereit, lieber gegenüber seinen Mitbürgern den Kürzeren zu ziehen als durch Verletzung und Zerstörung des heimatlichen Rechtswesens die Oberhand zu gewinnen, andernteils bittet er einen jeden der anderen Bürger um dieselbe Einstellung und macht ihnen klar, ein wie großes Übel die Herrschsucht darstellt. Heutzutage aber sehen wir, wie sie, um nur keinen Schritt daheim, vor eigenen Mitbürgern, Stammesverwandten, Nachbarn und Amtskollegen unter Wahrung von Respekt und freundlichem Umgang zurück zu weichen, ihre Zwistigkeiten zu eigenem großen Schaden und zu ihrer eigenen Beschämung hinaus bringen zu den Kanzleien der Anwälte und sie den Händen von Juristen ausliefern. Die Ärzte treiben alle die Krankheiten an die Oberfläche des Körpers, die sie nicht ganz besiegen können. Anders der Politiker: wenn er den Staat nicht ganz vor Konflikten bewahren kann, wird er versuchen, den in Unruhe und Aufstand geratenen Teil wenigstens im Inneren des Staates verborgen zu halten, ihn zu heilen und zu behandeln, um möglichst keine von außen kommenden Ärzte und Arzneien in Anspruch nehmen zu müssen. Das wichtigste Bestreben des Staatsmannes gelte immerzu dem Erreichen von Sicherheit, es sei stets abgewandt von nichtiger Ruhmbegierde, die imstande ist, Verwirrung und Wahnsinn zu erregen, wie es oben schon dargestellt wurde (s. 798 C). Sein Gemüt habe auch Seelengröße und kühnen Mut,

ἄτρομον, οἷόν τ' ἄνδρας ἐσέρχεται, οἳ περὶ πάτρης
ἀνδράσι δυσμενέεσσι

καὶ πράγμασι δυσκόλοις καὶ καιροῖς ἀντερείδουσι [καὶ]
διαμάχονται. Δεῖ γὰρ οὐ ποιεῖν χειμῶνας αὐτὸν ἀλλὰ μὴ
προλείπειν ἐπιπεσόντων, οὐδὲ κινεῖν τὴν πόλιν ἐπισφαλῶς,
D σφαλλομένῃ δὲ καὶ κινδυνευούσῃ βοηθεῖν, ὥσπερ ἄγκυ-
ραν ἱερὰν ἀράμενον ἐξ αὐτοῦ τὴν παρρησίαν ἐπὶ τοῖς με-
γίστοις· οἷα Περγαμηνοὺς ἐπὶ Νέρωνος κατέβαλε πράγματα, καὶ Ῥοδίους ἔναγχος ἐπὶ Δομετιανοῦ, καὶ Θεσσα-
λοὺς πρότερον ἐπὶ τοῦ Σεβαστοῦ Πετραῖον ζῶντα κατα-
καύσαντας.

Ἔνθ' οὐκ ἂν βρίζοντα ἴδοις

οὐδὲ καταπτώσσοντα τὸν ἀληθῶς πολιτικὸν οὐδ' αἰτιώ-
μενον ἑτέρους αὐτὸν δὲ τῶν δεινῶν ἔξω τιθέμενον, ἀλλὰ
καὶ πρεσβεύοντα καὶ πλέοντα καὶ λέγοντα πρῶτον οὐ
μόνον

ἤκομεν οἱ κτείναντες, ἀπότρεπε λοιγόν, Ἄπολλον,

E ἀλλὰ κἂν τῆς ἁμαρτίας μὴ μετάσχῃ τοῖς πολλοῖς, τοὺς
κινδύνους ὑπὲρ αὐτῶν ἀναδεχόμενον. Καὶ γὰρ καλὸν τοῦτο
καὶ πρὸς τῷ καλῷ πολλάκις ἑνὸς ἀνδρὸς ἀρετὴ καὶ φρόνημα θαυμασθὲν ἠμαύρωσε τὴν πρὸς πάντας ὀργὴν καὶ
διεσκέδασε τὸ φοβερὸν καὶ πικρὸν τῆς ἀπειλῆς· οἷα καὶ
πρὸς Βοῦλιν ἔοικε καὶ Σπέρχιν τοὺς Σπαρτιάτας παθεῖν ὁ
Πέρσης, καὶ πρὸς Σθέννωνα Πομπήιος ἔπαθεν, ὅτε,
Μαμερτίνους μέλλοντος αὐτοῦ κολάζειν διὰ τὴν ἀπόστα-
F σιν, οὐκ ἔφη δίκαια πράξειν αὐτὸν ὁ Σθέννων, εἰ πολλοὺς

„einen unerschütterlichen, wie er Männer erfüllt,
die sich für das Vaterland den Feinden" (Ilias 17,157)

den Schwierigkeiten und Ungelegenheiten entgegenstemmen und sie bezwingen. Er soll Stürme nicht selber entfesseln, sondern bei ihrem Eintreffen seinen Posten nicht verlassen und das Staatsschiff nicht fahrlässig hin und her steuern, sondern ihm dann, wenn es schwankt und in Gefahr ist, Hilfe leisten, indem er wie einen heiligen Anker aus seinem Innern in der höchsten Gefahr die freimütige Rede hervorholt. Solche gefährlichen Situationen ereilten die Bürger von Pergamon[127] unter Nero sowie erst jüngst die Rhodier unter Domitian[128] und die Thessalier schon vorher unter Augustus, als sie Petraeus lebendig verbrannten.

„Da würdest du nicht erleben, dass der schläft
und sich weg duckt," (Ilias 4,223)

der ein wahrer Staatsmann ist, auch nicht, dass er andere beschuldigt, sich selber aber der Gefahr entzieht, dass er vielmehr eine Gesandtschaft anführt, über das Meer fährt und als erster nicht nur bekennt:

„Hier stehen wir, die Mörder: wende die Pest von uns ab, Apollon,"
(Callim. Anon. fr.383 Schn.)

sondern dass er, obgleich nicht an dem Verbrechen des Volkes beteiligt, um es zu schützen, die Gefahren auf sich nimmt. Eine prächtige Tat ist solch ein Auftreten, und zu diesem Prächtigen kommt noch hinzu, dass schon oft der mannhafte und großmütige Sinn eines einzigen Mannes, indem er Staunen erweckte, den über alle ergossenen Zorn erkalten ließ und das Entsetzliche und Schmerzliche einer Drohung auflöste. So reagierte, wie es scheint, auf die Spartiaten Boulis[129] und Sperchis der Perserkönig, und auf Sthenno[130] reagierte so Pompeius, als er drauf und dran war, die Mamertiner wegen ihres Abfalls zu bestrafen und Sthen-

816 ἀναιτίους ἀπολεῖ δι' ἕνα τὸν αἴτιον· ὁ γὰρ ἀποστήσας τὴν πόλιν αὐτὸς εἶναι, τοὺς μὲν φίλους πείσας τοὺς δ' ἐχθροὺς βιασάμενος. Οὕτω ταῦτα διέθηκε τὸν Πομπήιον, ὥστε καὶ τὴν πόλιν ἀφεῖναι καὶ τῷ Σθέννωνι χρήσασθαι φιλανθρώπως. Ὁ δὲ Σύλλα ξένος ὁμοίᾳ μὲν ἀρετῇ πρὸς οὐχ ὅμοιον δὲ χρησάμενος, εὐγενῶς ἐτελεύτησεν· ἐπεὶ γὰρ ἑλὼν Πραινεστὸν ὁ Σύλλας ἔμελλε τοὺς ἄλλους ἅπαντας ἀποσφάττειν ἕνα δ' ἐκεῖνον ἠφίει διὰ τὴν ξενίαν, εἰπὼν ὡς οὐ βούλεται σωτηρίας χάριν εἰδέναι τῷ φονεῖ τῆς πατρίδος, ἀνέμιξεν ἑαυτὸν καὶ συγκατεκόπη τοῖς πολίταις. Τοιούτους μὲν οὖν καιροὺς ἀπεύχεσθαι δεῖ καὶ τὰ βελτίονα προσδοκᾶν.

20. Ἱερὸν δὲ χρῆμα καὶ μέγα πᾶσαν ἀρχὴν οὖσαν καὶ ἄρχοντα δεῖ μάλιστα τιμᾶν, τιμὴ δ' ἀρχῆς ὁμοφροσύνη καὶ φιλία πρὸς συνάρχοντας πολὺ μᾶλλον ἢ στέφανοι καὶ χλαμὺς περιπόρφυρος. Οἱ δὲ τὸ συστρατεύσασθαι καὶ
B συνεφηβεῦσαι φιλίας ἀρχὴν τιθέμενοι, τὸ δὲ συστρατηγεῖν καὶ συνάρχειν ἔχθρας αἰτίαν λαμβάνοντες, ἓν τῶν τριῶν κακῶν οὐ διαπεφεύγασιν· ἢ γὰρ ἴσους ἡγούμενοι τοὺς συνάρχοντας αὐτοὶ στασιάζουσιν ἢ κρείττονας φθονοῦσιν ἢ ταπεινοτέρους καταφρονοῦσι. Δεῖ δὲ καὶ θεραπεύειν τὸν κρείττονα καὶ κοσμεῖν τὸν ἥττονα καὶ τιμᾶν τὸν ὅμοιον, ἀσπάζεσθαι δὲ καὶ φιλεῖν ἅπαντας, ὡς „οὐ διὰ τραπέζης" οὐδὲ κώθωνος „οὐδ' ἐφ' ἑστίας", ἀλλὰ κοινῇ καὶ δημοσίᾳ ψήφῳ φίλους γεγονότας καὶ τρόπον τινά, πατρῴαν τὴν ἀπὸ τῆς πατρίδος εὔνοιαν ἔχοντας. Ὁ

no ihn darauf hinwies, dass er eine Ungerechtigkeit begehen werde, wenn er wegen eines einzigen Schuldigen viele Unschuldige umbringe. Derjenige, der ihm die Stadt abtrünnig gemacht habe, sei er selber, die Freunde habe er dazu überredet, die Gegner gezwungen. Das beeindruckte Pompeius so stark, dass er die Stadt verschonte, aber auch den Sthenno menschlich behandelte. Sullas Gastfreund dagegen, der einen ebenso großartigen Mut vor einem nicht ebenso großgearteten Manne zeigte, fand einen rühmlichen Tod. Als Sulla nämlich nach der Eroberung von Praeneste[131] gerade daranging, alle anderen Einwohner hinschlachten zu lassen, jenen als einzigen aber wegen ihrer Gastfreundschaft verschonen wollte, da mischte sich dieser mit der Erklärung, er wolle seine Rettung nicht dem Mörder seiner Landsleute verdanken, unter die Mitbürger und ließ sich mit ihnen niederknüppeln. Gegen das Aufkommen solcher Zeiten muss man beten und für die Zukunft Besseres erwarten.

20. Da jede Art von Staatsverwaltung eine heilige und große Sache ist, muss ihr auch ein Amtsinhaber höchste Achtung entgegenbringen, Achtung für ein Amt besteht aber viel eher in der Eintracht und Freundschaft mit den Kollegen, als in Ehrenkränzen und einer purpurnen Amtstracht. Wer das gemeinsame Erleben der Kriegszüge und der Ausbildung zum jungen Krieger als den Ursprung von Freundschaften ansieht, dagegen die gemeinsame Zeit als Kollegen in militärischen und politischen Ämtern für die Ursache von Feindschaften hält, der ist einem der folgenden drei Fehler nicht entgangen: Er betrachtet seine Kollegen entweder als ihm Ebenbürtige und sucht von sich aus den Streit mit ihnen oder als ihm Überlegene und ist von Hass und Neid erfüllt, oder als Unterlegene und schaut verächtlich auf sie herab. Erforderlich wäre es aber, dass er dem Überlegenen zu Diensten wäre, dem Schwächeren höhere Achtung verschaffte und den Gleichrangigen verehrte, Achtung und Liebe aber ihnen allen entgegenbrächte, weil er sich bewusst wäre, dass sie alle nicht bei Tisch und Becher, auch nicht am häuslichen Herde zu Freunden geworden sind, sondern durch die öffentliche Wahl des Volkes und daher

γοῦν Σκιπίων ἤκουσεν ἐν Ῥώμῃ κακῶς, ὅτι φίλους ἑστιῶν
C ἐπὶ τῇ καθιερώσει τοῦ Ἡρακλείου, τὸν συνάρχοντα Μόμ-
μιον οὐ παρέλαβε· καὶ γάρ, εἰ τἆλλα μὴ φίλους ἐνόμιζον
ἑαυτούς, ἐν τοῖς γε τοιούτοις ἠξίουν τιμᾶν καὶ φιλοφρο-
νεῖσθαι διὰ τὴν ἀρχήν. Ὅπου τοίνυν ἀνδρὶ τἆλλα θαυμα-
σίῳ τῷ Σκιπίωνι μικρὸν οὕτω φιλανθρώπευμα παραλει-
φθὲν ὑπεροψίας ἤνεγκε δόξαν, ἦπου κολούων ἄν τις ἀξίωμα
συνάρχοντος ἢ πράξεσιν ἐχούσαις φιλοτιμίαν ἐπηρεάζων
ἢ πάντα συλλήβδην ἀνατιθεὶς ἅμα καὶ περιάγων ὑπ'
αὐθαδείας εἰς ἑαυτὸν ἐκείνου δ' ἀφαιρούμενος, ἐπιεικὴς
ἂν φανείη καὶ μέτριος; Μέμνημαι νέον ἐμαυτὸν ἔτι πρεσ-
D βευτὴν μεθ' ἑτέρου πεμφθέντα πρὸς ἀνθύπατον, ἀπολειφ-
θέντος δέ πως ἐκείνου μόνον ἐντυχόντα καὶ διαπραξά-
μενον· ὡς οὖν ἔμελλον ἐπανελθὼν ἀποπρεσβεύειν, ἀναστὰς
ὁ πατὴρ κατ' ἰδίαν ἐκέλευσε μὴ λέγειν „ᾠχόμην" ἀλλ'
„ᾠχόμεθα", μηδ' „εἶπον" ἀλλ' „εἴπομεν", καὶ τἆλλα συνεφ-
απτόμενον οὕτω καὶ κοινούμενον ἀπαγγέλλειν. Οὐ γὰρ
μόνον ἐπιεικὲς τὸ τοιοῦτον καὶ φιλάνθρωπόν ἐστιν, ἀλλὰ
καὶ τὸ λυποῦν τὸν φθόνον ἀφαιρεῖ τῆς δόξης. Ὅθεν οἱ μεγάλοι καὶ δαίμονα καὶ τύχην τοῖς κατορθώμασι συνεπι-
γράφουσιν, ὡς Τιμολέων ὁ τὰς ἐν Σικελίᾳ καταλύσας
τυραννίδας Αὐτοματίας ἱερὸν ἱδρύσατο· καὶ Πύθων ἐπὶ
E τῷ Κότυν ἀποκτεῖναι θαυμαζόμενος καὶ τιμώμενος ὑπὸ
τῶν Ἀθηναίων „ὁ θεός" ἔφη „ταῦτ' ἔπραξε, τὴν χεῖρα παρ'
ἐμοῦ χρησάμενος". Θεόπομπος δ' ὁ βασιλεὺς τῶν Λακε-
δαιμονίων, πρὸς τὸν εἰπόντα σώζεσθαι τὴν Σπάρτην διὰ
τοὺς βασιλεῖς ἀρχικοὺς ὄντας „μᾶλλον" ἔφη „διὰ τοὺς
πολλοὺς πειθαρχικοὺς ὄντας."

gewissermaßen als Vermächtnis ihrer Väter das Wohlwollen des Vaterlandes genießen. Jedenfalls bekam Scipio bei den Römern einen schlechten Ruf, weil er bei der Einweihung des Heraklestempels wohl seine Freunde bewirtet, nicht aber den Amtskollegen Mummius[132] eingeladen hatte. Denn auch wenn sie einander sonst nicht als Freunde ansahen, erwartete man von ihnen doch, dass sie sich bei solchen Anlässen aus Rücksicht auf ihr Amt ehrten und freundlich behandelten. Wenn nun schon eine so kleine versehentliche Unhöflichkeit einem sonst bewundernswerten Mann, wie Scipio, den Ruf der Überheblichkeit eintrug, könnte da wohl ein Mann als anständig und gemäßigt gelten, wenn er das Ansehen des Kollegen schmälerte, mit eigenen ehrgeizigen Maßnahmen in den Schatten stellte oder – kurz gesagt - aus Anmaßung alle Erfolge für sich beanspruchen, reihum heranholen und jenem entwenden würde? Ich erinnere mich, dass ich, noch jung an Jahren, als Gesandter mit einem Partner zum Prokonsul geschickt wurde und, weil jener sich irgendwie verspätet hatte, alleine dort ankam und erfolgreich verhandelte. Als ich nun nach meiner Heimkehr Rechenschaft ablegen wollte, stand mein Vater auf und empfahl mir, mich beiseite nehmend, dass ich nicht „ich reiste ab" sagen solle, sondern „wir reisten ab" und nicht „ich erklärte", sondern „wir" erklärten", und dass ich ebenso im übrigen Bericht den Partner einbeziehen und mir gleichstellen solle. Ein solches Benehmen ist nicht nur anständig und mitfühlend, es befreit unseren Ruhm auch von seiner störenden Beigabe, dem Neid. Daher schreiben die Großen ihre Erfolge zu einem Teil sowohl einem göttlichen Wesen als auch dem Glück zu. So erbaute beispielsweise Timoleon, der die Tyrannenherrschaften auf Sizilien beseitigt hatte, der Glücksgöttin „Automatia" ein Heiligtum, und Python[133], dem wegen der Ermordung des Kotys die Bewunderung der Athener entgegenschlug, sagte: „Getan hat dies der Gott, lediglich die Hand, die er gebrauchte, war die meine!" Und der Spartanerkönig Theopompos[134] gab jenem Mann, der meinte, Sparta werde immer gerettet durch seine Könige mit ihrem Talent für das Herrschen, zur Antwort: „Eher durch sein Volk mit seinem Talent für das Gehorchen!"

21. Γίγνεται μὲν οὖν δι' ἀλλήλων ἀμφότερα ταῦτα. Λέγουσι δ' οἱ πλεῖστοι καὶ νομίζουσι πολιτικῆς παιδείας ἔργον εἶναι τὸ καλῶς ἀρχομένους παρασχεῖν· καὶ γὰρ πλέον ἐστὶ τοῦ ἄρχοντος ἐν ἑκάστῃ πόλει τὸ ἀρχόμενον,
F καὶ χρόνον ἕκαστος ἄρχει βραχύν, ἄρχεται δὲ τὸν ἅπαντα βίον ἐν δημοκρατίᾳ πολιτευόμενος· ὥστε κάλλιστον εἶναι μάθημα καὶ χρησιμώτατον τὸ πειθαρχεῖν τοῖς ἡγουμένοις, κἂν ὑποδεέστεροι δυνάμει καὶ δόξῃ τυγχάνωσιν ὄντες. Ἄτοπον γάρ ἐστι τὸν μὲν ἐν τραγῳδίᾳ πρωταγωνιστὴν Θεόδωρον ἢ Πῶλον ὄντι μισθωτῷ τῷ τὰ τρίτα λέγοντι πολλάκις ἕπεσθαι καὶ προσδιαλέγεσθαι ταπεινῶς,
817 ἂν ἐκεῖνος ἔχῃ τὸ διάδημα καὶ τὸ σκῆπτρον, ἐν δὲ πράξεσιν ἀληθιναῖς καὶ πολιτείᾳ τὸν πλούσιον καὶ ἔνδοξον ὀλιγωρεῖν καὶ καταφρονεῖν ἄρχοντος ἰδιώτου καὶ πένητος, ἐνυβρίζοντα καὶ καθαιροῦντα τῷ περὶ αὐτὸν ἀξιώματι τὸ τῆς πόλεως, ἀλλὰ μὴ μᾶλλον αὔξοντα καὶ προστιθέντα τὴν ἀφ' αὑτοῦ δόξαν καὶ δύναμιν τῇ ἀρχῇ. Καθάπερ ἐν Σπάρτῃ τοῖς ἐφόροις οἵ τε βασιλεῖς ὑπεξανίσταντο, καὶ τῶν ἄλλων ὁ κληθεὶς οὐ βάδην ὑπήκουεν, ἀλλὰ δρόμῳ καὶ σπουδῇ δι' ἀγορᾶς θέοντες ἐπεδείκνυντο τὴν εὐπείθειαν τοῖς πολίταις, ἀγαλλόμενοι τῷ τιμᾶν τοὺς ἄρχοντας· οὐχ' ὥσπερ ἔνιοι τῶν ἀπειροκάλων καὶ σολοίκων, οἷον ἰσχύος
B ἑαυτῶν καλλωπιζόμενοι περιουσίᾳ, βραβευτὰς ἐν ἀγῶσι προπηλακίζουσι καὶ χορηγοὺς ἐν Διονυσίοις λοιδοροῦσι καὶ στρατηγῶν καὶ γυμνασιάρχων καταγελῶσιν, οὐκ εἰδότες οὐδὲ μανθάνοντες ὅτι τοῦ τιμᾶσθαι τὸ τιμᾶν πολλάκις ἐστὶν ἐνδοξότερον. Ἀνδρὶ γὰρ ἐν πόλει δυναμένῳ μέγα μείζονα φέρει κόσμον ἄρχων δορυφορούμενος ὑπ' αὐτοῦ καὶ προπεμπόμενος ἢ δορυφορῶν καὶ προπέμπων·

21. Diese beiden Talente sind nun in der Tat eines vom anderen abhängig. Die meisten Leute meinen, Aufgabe der politischen Bildung sei es, Bürger heranzubilden, die auf die rechte Art zu gehorchen wissen. Größer als der Anteil der Regenten ist jedenfalls in jedem Staat der Anteil der Gehorchenden, und jeder einzelne ist nur für kurze Zeit Regent, Regierter ist er dagegen das ganze Leben lang, falls er in einer Demokratie sein Bürgerrecht ausübt. Daher ist der schönste und nützlichste Lehrinhalt der Gehorsam gegenüber den Regierenden, auch wenn diese einmal an Einfluss und Ansehen ärmere Bürger sein sollten. Es widerspricht sich doch, wenn in einer tragischen Aufführung der erstrangige Schauspieler, etwa ein Theodoros[135] oder ein Polos, dem drittrangigen, dem gemieteten Schauspieler, sofern er Diadem und Szepter trägt, als Diener folgt und unterwürfig Rede und Antwort steht, und wenn hier im wirklichen Handel und Wandel von Bürgern und Politikern ein reicher und angesehener Bürger auf den politischen Würdenträger aus niedrigen und ärmlichen Verhältnissen geringschätzig herabblickt und somit dank eigenem hohen Ansehen das des Staates schädigt und herabwürdigt, anstatt die Würde des Amtes zu mehren und ihm sein eigenes hohes Ansehen und seinen Einfluss zu Gute kommen zu lassen. Wie denn auch in Sparta die Könige vor ihren Ephoren von den Sitzen aufstanden und außerdem jeder andere Staatsbürger, wenn die Ephoren ihn zu sich bestellten, dem Ruf nicht im Schritttempo Folge leistete, sondern im Eilschritt quer über den Marktplatz rannte und so den Mitbürgern seinen Gehorsam offen bekundete und stolz darauf war, der Obrigkeit Respekt zu erweisen. Nicht so manche Rüpel und Ignoranten: in der Meinung, durch ihre überlegene private Macht Ruhm zu ernten, beschimpfen sie bei Wettkämpfen die Kampfrichter, verspotten sie an den Dionysien die Leiter der Dramenaufführungen und machen sie militärische Vorgesetzte und Schuldirektoren lächerlich, ohne zu erkennen und zu begreifen, dass, anstatt sich selber ehren zu lassen, anderen die Ehre zu geben oft größeren Ruhm einbringt. Denn einem Mann, dessen Macht im Staat groß ist, verleiht größeres Ansehen ein von ihm beschützter und ehrenvoll geleiteter Staatsbeamter als einer, der

μᾶλλον δὲ τοῦτο μὲν ἀηδίαν καὶ φθόνον, ἐκεῖνο δὲ τὴν ἀληθινὴν φέρει, τὴν ἀπ' εὐνοίας, δόξαν· ὀφθεὶς δ' ἐπὶ θύραις ποτὲ καὶ πρότερος ἀσπασάμενος καὶ λαβὼν ἐν
C περιπάτῳ μέσον, οὐδὲν ἀφαιρούμενος ἑαυτοῦ τῇ πόλει κόσμον περιτίθησι.

22. Δημοτικὸν δὲ καὶ βλασφημίαν ἐνεγκεῖν καὶ ὀργὴν ἄρχοντος ἢ τὸ τοῦ Διομήδους ὑπειπόντα

τούτῳ μὲν γὰρ κῦδος ἅμ' ἕψεται

ἢ τὸ τοῦ Δημοσθένους, ὅτι νῦν οὔκ ἐστι Δημοσθένης μόνον ἀλλὰ καὶ θεσμοθέτης ἢ χορηγὸς ἢ στεφανηφόρος. Ἀναθετέον οὖν τὴν ἄμυναν εἰς τὸν χρόνον· ἢ γὰρ ἐπέξιμεν ἀπαλλαγέντι τῆς ἀρχῆς ἢ κερδανοῦμεν ἐν τῷ περιμένειν τὸ παύσαθαι τῆς ὀργῆς.

23. Σπουδῇ μέντοι καὶ προνοίᾳ περὶ τὰ κοινὰ καὶ φροντίδι πρὸς ἅπασαν ἀρχὴν ἀεὶ διαμιλλητέον, ἂν μὲν
D ὦσι χαρίεντες, αὐτὸν ὑφηγούμενον ἃ δεῖ καὶ φράζοντα καὶ διδόντα χρῆσθαι τοῖς βεβουλευμένοις ὀρθῶς καὶ τὸ κοινὸν εὐδοκιμεῖν ὠφελοῦντας· ἂν δ' ἐνῇ τις ἐκείνοις ὄκνος ἢ μέλλησις ἢ κακοήθεια πρὸς τὴν πρᾶξιν, οὕτω χρὴ παρεῖναι καὶ λέγειν αὐτὸν εἰς τοὺς πολλούς, καὶ μὴ παραμελεῖν μηδ' ὑφίεσθαι τῶν κοινῶν, ὡς οὐ προσῆκον ἄρχοντος ἑτέρου πολυπραγμονεῖν καὶ παραδιοικεῖν. Ὁ γὰρ νόμος ἀεὶ τῷ τὰ δίκαια πράσσοντι καὶ γιγνώσκοντι τὰ συμφέροντα τὴν πρώτην τάξιν ἐν τῇ πολιτείᾳ δίδωσιν.
„Ἦν δέ τις" φησίν „ἐν τῷ στρατεύματι

ihn schützt und geleitet. Letzteres bringt dem Mann sogar eher Widerwillen und Missgunst, jenes dagegen den echten, den aus Zuneigung entstehenden Ruhm. Und wenn er sich gelegentlich vor der Tür des Beamten sehen lässt, ihn als erster grüßt und ihn beim Spazieren in die Mitte nimmt, legt er dem Staat ein Ehrenkleid um, ohne sich selber etwas wegzunehmen.

22. Zum guten Bürger gehört es, sich sogar das Lästern und Zürnen eines Amtsinhabers gefallen zu lassen: entweder sagt man dazu nur das bekannte Diomedeswort[136]:

„Denn an ihm wird der Ruf hängen bleiben", (Ilias 4,415)

oder jene Worte des Demosthenes, er sei in diesem Augenblick nicht nur Demosthenes[137], sondern auch Thesmothete, Chorege oder sonst ein Amtsträger mit Ehrenkranz. Wir müssen unsere Gegenwehr also auf später verschieben. Entweder werden wir den Beamten nach Beendigung seiner Amtszeit angreifen, oder wir werden aus dem Warten einen Gewinn erzielen: das Schwinden unseres Zorns.

23. Was jedoch den Eifer, die Voraussicht und die Sorge um das allgemeine Wohl anbelangt, so muss man jeder staatlichen Behörde gegenüber immerzu einen Wettbewerb veranstalten: sind die Beamten entgegenkommend, so gibt man ihnen selber Ratschläge und Hinweise für notwendige Maßnahmen, erlaubt ihnen, unsere ordentlich durchdachten Pläne zu verwirklichen, der Allgemeinheit zu nützen und sich dadurch einen guten Ruf zu erwerben. Aber im Falle, dass jene Amtsinhaber sich zum Handeln unentschlossen, zögerlich oder gar unwillig zeigen, gilt es, vor die Volksversammlung zu treten und die Sache persönlich vorzutragen und nicht etwa am Gemeinwohl vorbei zu sehen und es im Stich zu lassen, als ob es keinem erlaubt wäre, sich einzumischen und an öffentlicher Verwaltung teilzunehmen, während ein anderer der dafür zuständige Beamte ist. Denn das Gesetz billigt jeweils dem, der vollzieht, was gerecht ist, und der erkennt, was nützlich

Ξενοφῶν, οὔτε στρατηγὸς οὔτε λοχαγός" ἀλλὰ τῷ φρονεῖν
E τὰ δέοντα καὶ τολμᾶν αὐτὸν εἰς τὸ ἄρχειν καταστήσας
διέσωσε τοὺς Ἕλληνας. Καὶ τῶν Φιλοποίμενος ἔργων
ἐπιφανέστατόν ἐστι τό, τοῦ Νάβιδος Μεσσήνην καταλα-
βόντος οὐκ ἐθέλοντος δὲ τοῦ στρατηγοῦ τῶν Ἀχαιῶν βοηθεῖν ἀλλ' ἀποδειλιῶντος, αὐτὸν ὁρμήσαντα μετὰ τῶν προθυ-
μοτάτων ἄνευ δόγματος ἐξελέσθαι τὴν πόλιν. Οὐ μὴν διὰ
μικρὰ δεῖ καὶ τὰ τυχόντα καινοτομεῖν, ἀλλ' ἐπὶ τοῖς ἀναγκαίοις ὡς ὁ Φιλοποίμην, ἢ τοῖς καλοῖς ὡς Ἐπαμεινώνδας,
ἐπιβαλὼν τέτταρας μῆνας τῇ βοιωταρχίᾳ παρὰ τὸν νόμον,
ἐν οἷς εἰς τὴν Λακωνικὴν ἐνέβαλε καὶ τὰ περὶ Μεσσήνην
F ἔπραξεν· ὅπως, κἂν ἀπαντᾷ τις ἐπὶ τούτῳ κατηγορία καὶ
μέμψις, ἀπολογίαν τῆς αἰτίας τὴν ἀνάγκην ἔχωμεν ἢ πα-
ραμυθίαν τοῦ κινδύνου τὸ μέγεθος τῆς πράξεως καὶ τὸ
κάλλος.

24. Ἰάσονος τοῦ Θεσσαλῶν μονάρχου γνώμην ἀπο-
μνημονεύουσιν, ἐφ' οἷς ἐβιάζετο καὶ παρηνώχλει τινὰς
818 ἀεὶ λεγομένην, ὡς ἀναγκαῖον ἀδικεῖν τὰ μικρὰ τοὺς βου-
λομένους τὰ μεγάλα δικαιοπραγεῖν. Τοῦτον μὲν οὖν ἄν
τις εὐθὺς καταμάθοι τὸν λόγον ὡς ἔστι δυναστευτικός·
ἐκεῖνο δὲ πολιτικώτερον παράγγελμα, τὸ τὰ μικρὰ τοῖς
πολλοῖς προίεσθαι χαριζόμενον, ἐπὶ τῷ τοῖς μείζοσιν
ἐνίστασθαι καὶ κωλύειν ἐξαμαρτάνοντας (ὁ γὰρ αὖ περὶ
πάντα λίαν ἀκριβὴς καὶ σφοδρός, οὐδὲν ὑποχωρῶν οὐδ'
ὑπείκων ἀλλὰ τραχὺς ἀεὶ καὶ ἀπαραίτητος, ἀντιφιλονει-
κεῖν τὸν δῆμον αὐτῷ καὶ προσδυσκολαίνειν ἐθίζει),

ist, den ersten Rang im Staate zu. „Es befand sich aber", sagte er (Xen. Anab. III 1,4), „im Heerlager ein gewisser Xenophon, der weder Feldherr noch Hauptmann war; weil er aber begriff, was zu tun war und es zu tun wagte, erhob er sich selber zum Anführer und errettete die Griechen. Auch unter Philopoimens Taten strahlt die folgende am hellsten: als Nabis Messene eingenommen hatte, der Kommandeur der verbündeten Achaier aber nicht zu Hilfe kommen wollte, sondern feige abzog, brach er ganz auf sich gestellt, ohne einen Befehl abzuwarten, mit den mutigsten Soldaten auf und eroberte die Stadt zurück. Freilich muss gelten, dass man unerhörte neue Wege nicht in gewöhnlichen Situationen und aufs Geratewohl einschlägt, sondern nur bei den zwingend notwendigen, wie es Philopoimen tat, oder bei den rühmlichen, wie Epameinondas, der gesetzeswidrig seine Amtszeit als Boiotarch um vier Monate verlängerte: in dieser Frist marschierte er in Lakonien ein und regelte die messenischen Angelegenheiten. Wir sollten also, selbst wenn uns nach einer solchen Aktion eine Anklage oder eine Missbilligung treffen sollte, als Rechtfertigung für die angeklagte Tat die zwingende Notwendigkeit vorzuweisen haben, oder Tröstung für das Risiko einer Verurteilung in der Großartigkeit und Schönheit unseres Unterfangens finden.

24. Von dem thessalischen König Jason[138] wird ein Wahlspruch überliefert, den er zu tun pflegte, sooft er jemand mit Gewalt, beziehungsweise ungerecht behandelte: im Kleinen ungerecht zu handeln sei eben notwendig für den, der im Großen Gerechtigkeit üben wolle. Dieser Devise sieht jemand wohl sofort an, dass sie für einen Despoten typisch ist, Bürgern angepasster ist aber folgender Ratschlag: die kleinen Dinge dem Volk liebenswürdig zu überlassen, dafür, dass man ihm bei den großen widersteht und eingreift, wenn es Fehler begeht – denn wer in allem übermäßig kleinlich und penetrant ist, keinen einzigen Schritt zurückgeht und nachgibt, sondern immer starr und stur bleibt, der gewöhnt das Volk an Widersetzlichkeit und Trotz.

B   μικρὸν δὲ ποδὸς χαλάσαι μεγάλῃ κύματος ἀλκῇ,

τὰ μὲν αὐτὸν ἐνδιδόντα καὶ συμπαίζοντα κεχαρισ-
μένως οἷον ἐν θυσίαις καὶ ἀγῶσι καὶ θεάτροις, τὰ δ', ὥσπερ
ἐν οἰκίᾳ νέων ἁμαρτήματα προσποιούμενον παρορᾶν καὶ
παρακούειν, ὅπως ἡ τοῦ νουθετεῖν καὶ παρρησιάζεσθαι
δύναμις ὥσπερ φαρμάκου μὴ κατακεχρημένη μηδ' ἕωλος
ἀλλ' ἀκμὴν ἔχουσα καὶ πίστιν ἐν τοῖς μείζοσι μᾶλλον καθ-
άπτηται καὶ δάκνῃ τοὺς πολλούς. Ἀλέξανδρος μὲν γὰρ
ἀκούσας τὴν ἀδελφὴν ἐγνωκέναι τινὰ τῶν καλῶν καὶ νέων
οὐκ ἠγανάκτησεν εἰπών, ὅτι κἀκείνῃ τι δοτέον ἀπολαῦσαι
C   τῆς βασιλείας, οὐκ ὀρθῶς τὰ τοιαῦτα συγχωρῶν οὐδ' ἀξίως
ἑαυτοῦ· δεῖ γὰρ ἀρχῆς κατάλυσιν τὴν ὕβριν, μὴ ἀπόλαυσιν
νομίζειν. Δήμῳ δ' ὕβριν μὲν οὐδεμίαν εἰς πολίτας οὐδὲ
δήμευσιν ἀλλοτρίων οὐδὲ κοινῶν διανέμησιν ὁ πολιτικὸς
ἐφήσει κατὰ δύναμιν, ἀλλὰ πείθων καὶ διδάσκων καὶ δε-
διττόμενος διαμαχεῖται ταῖς τοιαύταις ἐπιθυμίαις, οἵας
οἱ περὶ Κλέωνα βόσκοντες καὶ αὔξοντες πολύν, ὥς φησιν
ὁ Πλάτων, κηφῆνα τῇ πόλει
κεκεντρωμένον ἐνεποίησαν. Ἐὰν δ' ἑορτὴν πάτριον οἱ πολλοὶ
καὶ θεοῦ τιμὴν πρόφασιν λαβόντες ὁρμήσωσι πρός τινα
D   θέαν ἢ νέμησιν ἐλαφρὰν ἢ χάριν τινὰ φιλάνθρωπον ἢ φιλοτιμίαν, ἔστω πρὸς τὰ τοιαῦτα τῆς ἐλευθερίας ἅμα καὶ τῆς
εὐπορίας ἀπόλαυσις αὐτοῖς. Καὶ γὰρ τοῖς Περικλέους πολι-
τεύμασι καὶ τοῖς Δημητρίου πολλὰ τοιαῦτ' ἔνεστι, καὶ

Man sollte

„die Leinen ein wenig lockern bei starkem Wogengang".
(Trag.adesp. fr.413 N.)

Auf der einen Seite fügt man sich und zeigt freundlich seine Anteilnahme, zum Beispiel bei Opferfesten, Sportwettkämpfen und Schauspielen, auf der anderen Seite verhält man sich, als ob es sich um die Verfehlungen junger Leute im häuslichen Bereich handelte: man gibt vor, nichts davon zu sehen und zu hören, damit die Wirkkraft des Tadels und der freimütigen Kritik, wie bei einer Arznei, statt verbraucht und verflüchtigt, mit voller Kraft und Zuverlässigkeit das Volk bei seinen wichtigeren Entscheidungen rüttelt und zwickt. Als Alexander eines Tages erfuhr, dass seine Schwester sich einen der schönen jungen Männer zum Geliebten genommen hatte, brach er mitnichten in Empörung aus, wozu er die Erklärung abgab, dass auch ihr ein bisschen Genuss am Herrschen zu gönnen sei. Falsch war es, einem solchen Treiben seine Einwilligung zu geben, und zudem auch seiner Person unwürdig. Denn man muss in solchem Missbrauch der Herrschaft eine Zerstörung der Herrschaftsausübung und nicht ihre Belohnung sehen. Einer Volksversammlung wird ein Staatsmann keinerlei Erlaubnis zu Übergriffen auf Mitbürger, zu Enteignungen von ausländischen Miteinwohnern und zur Verteilung von Staatseigentum geben. Mit Überredung, Belehrung und Einschüchterung wird er bis zum Letzten gegen solche Arten von Begehrlichkeit kämpfen, wie sie Kleon und seine Clique heranfütterten und aufpäppelten, so dass sie in Athen – mit Platons Worten (Rep.VIII 552cd; 564b al.), ausgedrückt – einen dichten Schwarm stechbereiter Drohnen heranzüchteten. Wenn aber das Volk ein traditionelles Fest und die Ehrung eines Gottes zum Vorwand nimmt, um auf ein Schauspiel, eine maßvolle Verteilung von Staatsgeldern und auf die Wohltätigkeit menschenfreundlicher oder ehrgeiziger Bürger zu drängen, dann soll das Volk sich doch zu solchen Zwecken seiner Freiheit und Wohlhabenheit erfreuen. Auch in der Politik des Perikles und des Demetrios[139] finden sich viele solcher Maß-

Κίμων έκόσμησε τήν άγοράν πλατάνων φυτείαις καί περιπάτοις· Κάτων δέ, τόν δῆμον ὑπό Καίσαρος ὁρῶν ἐν τοῖς περὶ Κατιλίναν διαταρασσόμενον καὶ πρὸς μεταβολήν τῆς πολιτείας ἐπισφαλῶς ἔχοντα συνέπεισε τήν βουλήν ψηφίσασθαι νεμήσεις τοῖς πένησι, καὶ τοῦτο δοθέν ἔστησε τὸν θόρυβον καὶ κατέπαυσε τήν ἐπανάστασιν. Ὡς γὰρ ἰατρὸς,
E ἀφελών πολύ τοῦ διεφθορότος αἵματος, ὀλίγον ἀβλαβοῦς τροφῆς προσήνεγκεν, οὕτως ὁ πολιτικός ἀνήρ, μέγα τι τῶν ἀδόξων ἢ βλαβερῶν παρελόμενος, ἐλαφρᾷ πάλιν χάριτι καὶ φιλανθρώπῳ τὸ δυσκολαῖνον καὶ μεμψιμοιροῦν παρηγόρησεν.

25. Οὐ χεῖρον δὲ καὶ μετάγειν ἐπ' ἄλλα χρειώδη τὸ σπουδαζόμενον, ὡς ἐποίησε Δημάδης, ὅτε τὰς προσόδους εἶχεν ὑφ' ἑαυτῷ τῆς πόλεως· ὡρμημένων γὰρ ἐκπέμπειν τριήρεις βοηθοὺς τοῖς ἀφισταμένοις Ἀλεξάνδρου καὶ χρήματα κελευόντων παρέχειν ἐκεῖνον, „ἔστιν ὑμῖν" ἔφη „ χρήματα· παρεσκευασάμην γὰρ εἰς τοὺς Χόας, ὥσθ' ἕκαστον ὑμῶν λαβεῖν ἡμιμναῖον· εἰ δ' εἰς ταῦτα βούλεσθε μᾶλλον, αὐτοὶ
F καταχρήσθε τοῖς ἰδίοις." Καὶ τοῦτον τὸν τρόπον, ὅπως μὴ στεροῖντο τῆς διανομῆς ἀφέντων τὸν ἀπόστολον, ἔλυσε τὸ πρὸς Ἀλέξανδρον ἔγκλημα τοῦ δήμου. Πολλὰ γὰρ ἀπ'
819 εὐθείας οὐκ ἔστιν ἐξῶσαι τῶν ἀλυσιτελῶν, ἀλλὰ δεῖ τινος ἀμωσγέπως καμπῆς καὶ περιαγωγῆς, οἷα καὶ Φωκίων ἐχρῆτο, κελευόμενος εἰς Βοιωτίαν ἐμβαλεῖν παρὰ καιρόν· ἐκήρυξε γὰρ εὐθὺς ἀκολουθεῖν ἀφ' ἥβης τοὺς μέχρι ἐτῶν ἑξήκοντα· καὶ θορύβου τῶν πρεσβυτέρων γενομένου „τί δεινόν" εἶπεν· "ἐγὼ γὰρ ὁ στρατηγός ὀγδοήκοντα γεγονὼς ἔτη, μεθ' ὑμῶν ἔσομαι." Τούτῳ δὴ τῷ τρόπῳ καὶ πρεσβείας διακοπτέον ἀκαίρους, συγκαταλέγοντα πολλοὺς

nahmen, und Kimon ließ sogar die Agora durch Bepflanzen mit Platanen und Anlegen von Spazierwegen verschönern. Cato, der beobachtete, wie das Volk in der Krise um Catilina von Caesar aufgewiegelt wurde und sich gefährlich einer Umsturzstimmung näherte, überredete den Senat, Getreidegaben für die bedürftigen Bürger zu beschließen, und diese Spendenaktion stoppte den Tumult und unterdrückte den Aufstand. Wie ein Arzt nach Entnahme von viel verdorbenem Blut dem Körper ein wenig gesunde Nahrung zuführt, so besänftigt der versierte Politiker, nachdem er ein Großteil der unrühmlichen und schädlichen Wünsche abgewendet hat, im Gegenzug durch maßvolles und liebenswürdiges Entgegenkommen die Verärgerung und den Trotz des Volkes.

25. Nicht weniger nützlich ist es, die Wünsche des Volkes auf andere vorteilhafte Zwecke umzulenken, was Demades gelang, als er die Finanzen der Athener verwaltete. Weil sie sich daranmachten, den von Alexander abtrünnigen Staaten Trieren zu Hilfe zu senden und von ihm die Bereitstellung der Gelder forderten, verkündete er: „Das Geld steht euch zur Verfügung, denn ich hatte für das Fest der Weinkrüge[140] vorgesehen, dass jeder von euch eine halbe Mine erhält. Aber wenn ihr es euch lieber für diesen Zweck wünscht, so verfügt selber über euer Eigentum!" Und weil sie die Entsendung der Schiffe unterließen, um jene Auszahlung nicht zu verlieren, vermochte er mit dieser Methode das Vorgehen des Volkes gegen Alexander zu vereiteln. Gewiss sind viele unvorteilhafte Pläne nicht in direktem Angriff zu verhindern, sondern verlangen gewissermaßen nach krummen Pfaden und listigen Umwegen, wie Phokion sie anwendete, als er die Order erhalten hatte, zu einem ungünstigen Zeitpunkt in Boiotien einzumarschieren. Er ließ sofort alle Männer, vom Jungvolk bis zu den 60-Jährigen aufrufen, sich zum Abmarsch zu versammeln. Als nun die Älteren vor Unmut laut protestierten, rief er ihnen zu: „Was ist daran Schreckliches? Ich, euer Kommandeur, werde mit meinen 80 Jahren euch doch beiseite stehen!" Auf diese Art muss man sinnlose Gesandtschaftsreisen scheitern lassen: man wählt viele ungeeignete Kandidaten mit hinzu. Gegen unnütze Baumaßnah-

τῶν ἀνεπιτηδείως ἐχόντων, καὶ κατασκευὰς ἀχρήστους, κελεύοντα συνεισφέρειν, καὶ δίκας ἀπρεπεῖς, ἀξιοῦντα συμπαρεῖναι καὶ συναποδημεῖν. Πρώτους δὲ τοὺς γράφοντας τὰ τοιαῦτα καὶ παροξύνοντας ἕλκειν δεῖ καὶ παρα-
B λαμβάνειν· ἢ γὰρ ἀναδυόμενοι τὴν πρᾶξιν αὐτοὶ διαλύειν δόξουσιν ἢ μεθέξουσιν τῶν δυσχερῶν παρόντες.

26. Ὅπου μέντοι μέγα δεῖ περανθῆναί τι καὶ χρήσιμον, ἀγῶνος δὲ πολλοῦ καὶ σπουδῆς δεόμενον, ἐνταῦθα πειρῶ τῶν φίλων αἱρεῖσθαι τοὺς κρατίστους ἢ τῶν κρατίστων τοὺς πραοτάτους· ἥκιστα γὰρ ἀντιπράξουσιν οὗτοι καὶ μάλιστα συνεργήσουσι, τὸ φρονεῖν ἄνευ τοῦ φιλονεικεῖν ἔχοντες. Οὐ μὴν ἀλλὰ καὶ τῆς ἑαυτοῦ φύσεως ἔμπειρον ὄντα δεῖ πρὸς ὃ χείρων ἑτέρου πέφυκας αἱρεῖσθαι τοὺς μᾶλλον δυναμένους ἀντὶ τῶν ὁμοίων, ὡς ὁ Διομήδης
C ἐπὶ τὴν κατασκοπὴν μεθ' ἑαυτοῦ τὸν φρόνιμον εἵλετο τοὺς ἀνδρείους παρελθών. Καὶ γὰρ αἱ πράξεις μᾶλλον ἰσορροποῦσι καὶ τὸ φιλόνεικον οὐκ ἐγγίγνεται πρὸς ἀλλήλους τοῖς ἀφ' ἑτέρων ἀρετῶν καὶ δυνάμεων φιλοτιμουμένοις. Λάμβανε δὴ καὶ δίκης συνεργὸν καὶ πρεσβείας κοινωνόν, ἂν λέγειν μὴ δυνατὸς ᾖς, τὸν ῥητορικόν, ὡς Πελοπίδας Ἐπαμεινώνδαν· κἂν ᾖς ἀπίθανος πρὸς ὁμιλίαν τῷ πλήθει καὶ ὑψηλός, ὡς Καλλικρατίδας, τὸν εὔχαριν καὶ θεραπευτικόν· κἂν ἀσθενὴς καὶ δύσεργος τὸ σῶμα, τὸν φιλόπονον καὶ ῥωμαλέον, ὡς Νικίας Λάμαχον. Οὐ γὰρ ἦν ὁ Γηρυόνης ζηλωτὸς ἔχων σκέλη πολλὰ καὶ χεῖρας

men wiederum beantragt man, dass die Bürger mit einer Sonderabgabe ihren Beitrag leisten, und ungebührliche Prozesse muss man dadurch vereiteln, dass man fordert, die streitenden Parteien sollen gemeinsam auftreten und anreisen. Die Leute, die zu derartigen Vorhaben die Anträge stellen und heftig ihre Durchführung befürworten, die soll man als erste dabei einbeziehen und hinzuholen. Entweder werden sie sich der Durchführung entziehen und verdächtigt werden, sie selber zu vereiteln, oder sie werden erscheinen und Anteil an den Misshelligkeiten nehmen müssen.

26. Indes, wo auch immer ein großes und nützliches Vorhaben seine Verwirklichung finden muss, für das viel Aufopferung und Leidenschaft erforderlich ist, dort versuche, dir unter deinen Freunden die Fähigsten auszuwählen, beziehungsweise die Gutwilligsten unter den Fähigsten; denn diese werden am wenigsten gegen dich, und am meisten im Einklang mit dir ihre Arbeit tun, als Leute, die den Schaffensdrang ohne die kleinliche Ehrsucht in sich tragen. Allerdings musst du auch aus der Erfahrung mit der eigenen Begabung für eine Aufgabe, zu der du schlechter als ein anderer veranlagt bist, die leistungsfähigeren Freunde an Stelle der dir ähnlichen auswählen, wie Diomedes (Ilias 10,243) für seinen Erkundungsgang den Klugen zum Begleiter nahm, die Kämpfernaturen aber überging. Einerseits halten sich die verschiedenen Leistungen eher das Gleichgewicht, andererseits kommt ein Streit der einen gegen die anderen zwischen solchen Männern gar nicht auf, die mit verschiedenen Talenten und Kräften begabt, miteinander wetteifern. Nimm dir also zum Mitstreiter in einem Prozess wie auch zum Partner einer Gesandtschaftsreise, falls du kein guter Redner bist, den gewitzten Rhetoriker, wie Pelopidas[141] den Epameinondas, und den gewinnenden und respektvollen Redner, wenn dir zur öffentlichen Rede die Überzeugungskraft fehlt und du hochmütig wirkst, wie Kallikratidas[142]. Und wenn du körperlich schwach und weniger belastbar bist, dann nimm den Unermüdlichen und Starken, wie Nikias den Lamachos. Der sagenhafte Geryones[143] mit seinen vielen Beinen, Händen und Augen wäre nicht beneidenswert, würde er nicht alles das mit einem einzigen Geist

D καὶ ὀφθαλμούς, εἰ <μὴ> πάντα μιᾷ ψυχῇ διώκει. Τοῖς δὲ
πολιτικοῖς ἔξεστι μὴ σώματα μηδὲ χρήματα μόνον, ἀλλὰ
καὶ τύχας καὶ δυνάμεις καὶ ἀρετάς, ἂν ὁμονοῶσιν, εἰς
μίαν χρείαν συντιθέντας εὐδοκιμεῖν ἄλλον ἀπ' ἄλλου περὶ
τὴν αὑτὴν πρᾶξιν· οὐχ' ὥσπερ οἱ Ἀργοναῦται, τὸν Ἡρακλέα
καταλιπόντες ἠναγκάζοντο διὰ τῆς γυναικωνίτιδος κατα-
δόμενοι καὶ φαρμακευόμενοι σῴζειν ἑαυτοὺς καὶ κλέπτειν
τὸ νάκος. Χρυσὸν μέν, εἰς ἔνια τῶν ἱερῶν εἰσιόντες ἔξω κατα-
λείπουσι, σίδηρον δ' ὡς ἁπλῶς εἰπεῖν εἰς οὐδὲν συνεισφέ-
ρουσιν. Ἐπεὶ δὲ κοινόν ἐστιν ἱερὸν τὸ βῆμα Βουλαίου τε
E Διὸς καὶ Πολιέως καὶ Θέμιδος καὶ Δίκης, αὐτόθεν μὲν
ἤδη φιλοπλουτίαν καὶ φιλοχρηματίαν ὥσπερ σίδηρον
μεστὸν ἰοῦ καὶ νόσημα τῆς ψυχῆς, ἀποδυσάμενος εἰς
ἀγορὰς καπήλων ἢ δανειστῶν ἀπόρριψον,

αὐτὸς δ' ἀπονόσφι τραπέσθαι,

τὸν ἀπὸ δημοσίων χρηματιζόμενον ἡγούμενος ἀφ' ἱερῶν
κλέπτειν, ἀπὸ τάφων, ἀπὸ φίλων, ἐκ προδοσίας, ἀπὸ ψευδομαρ-
τυρίας, σύμβουλον ἄπιστον εἶναι, δικαστὴν ἐπίορκον, ἄρχοντα
δωροδόκον, οὐδεμιᾶς ἁπλῶς καθαρὸν ἀδικίας. Ὅθεν οὐ δεῖ
πολλὰ περὶ τούτων λέγειν.

27. Ἡ δὲ φιλοτιμία, καίπερ οὖσα σοβαρωτέρα τῆς
φιλοκερδείας, οὐκ ἐλάττονας ἔχει κῆρας ἐν πολιτείᾳ· καὶ
F γὰρ τὸ τολμᾶν αὐτῇ πρόσεστι μᾶλλον· ἐμφύεται γὰρ
οὐκ ἀργαῖς οὐδὲ ταπειναῖς ἀλλ' ἐρρωμέναις μάλιστα
καὶ νεανικαῖς προαιρέσεσι, καὶ τὸ παρὰ τῶν ὄχλων ῥόθιον
πολλάκις συνεξαῖρον αὐτὴν καὶ συνεξωθοῦν τοῖς ἐπαίνοις
820 ἀκατάσχετον ποιεῖ καὶ δυσμεταχείστον. Ὥσπερ οὖν ὁ
Πλάτων ἀκουστέον εἶναι τοῖς νέοις ἔλεγεν

koordinieren. Staatsmännern aber ist es möglich, dass sie nicht nur Personen und ihre Geldmittel, sondern auch deren glückliche Hand, deren Leistungsfähigkeit und Talente bei Einigkeit aller zur Bewältigung einer einzigen Aufgabe versammeln, und dass so jeder von ihnen wegen ein und derselben Unternehmung Ruhm gewinnt, wobei einer vom andern profitiert. Also ein anderes Vorgehen als das der Argonauten[144], die Herakles im Stich ließen und gezwungen waren, von Frauenhänden mit Zauberei und Wundermitteln behandelt, ihr Leben zu retten und das goldene Vlies zu stehlen. Gold lässt man beim Betreten mancher Heiligtümer hinter sich zurück, Eisen trägt man schlechthin in kein Heiligtum hinein. Da nun die Rednertribüne das gemeinsame Heiligtum von Zeus, dem Ratgeber und Stadtschirmer, von Themis und Dike ist, so lege sogleich an dieser Stätte das Streben nach Reichtum und Geld ab, als wäre es ein Stück Eisen voller Rost und eine Krankheit der Seele und wirf es auf die Tische der Händler und Geldverleiher,

„du selber aber wende dich ab" (Odyssee 5,350)

und sei überzeugt: ein Mann, der sich aus öffentlichen Kassen bereichert, beraubt auch Tempel, Gräber und Freunde, lebt von Verrat und falschen Zeugenaussagen, ist ein treuloser Ratgeber, ein meineidiger Richter, ein bestechlicher Beamter und, kurz gesagt, ein Mensch, dem kein Verbrechen fremd ist. Es ist also unnötig, noch viele Worte darüber zu machen.

27. Der Ehrgeiz, allgemein höher geschätzt als die Habgier, birgt in sich dennoch für ein Staatswesen nicht weniger Verhängnisvolles. Denn mit ihm verbindet sich eher der Hang zum kühnen Wagnis. Der Ehrgeiz gedeiht ja nicht in lustlosen, kleinmütigen, sondern in äußerst tatkräftigen und kühnen Temperamenten, und der rauschende Beifall der Volksmassen, der mit seinen Lobgesängen ihn oft zusätzlich steigert und übersteigert, bewirkt, dass der Ehrgeiz nicht zu bändigen und schwierig zu beeinflussen ist. Wie bekanntlich nach Platons Empfehlung (Rep. III 416e) die

ἐκ παίδων εὐθύς, ὡς οὔτε περικεῖσθαι χρυσὸν αὐτοῖς ἔξωθεν οὔτε κεκτῆσθαι θέμις, οἰκεῖον ἐν τῇ ψυχῇ συμμεμιγμένον ἔχοντας, αἰνιττόμενος οἶμαι τὴν ἐκ γένους διατείνουσαν εἰς τὰς φύσεις αὐτῶν ἀρετήν· οὕτω παραμυθώμεθα τὴν φιλοτιμίαν, λέγοντες ἐν ἑαυτοῖς ἔχειν [χρυσὸν] ἀδιάφθορον καὶ ἀκήρατον καὶ ἄχραντον ὑπὸ φθόνου καὶ μώμου τιμὴν, ἀναλογισμῷ καὶ περιθεωρήσει
B τῶν πεπραγμένων ἡμῖν καὶ πεπολιτευμένων αὐξανομένην· διὸ μὴ δεῖσθαι γραφομένων τιμῶν ἢ πλαττομένων ἢ χαλκοτυπουμένων, ἐν αἷς καὶ τὸ εὐδοκιμοῦν ἀλλότριόν ἐστιν· ἐπαινεῖται γὰρ οὐχ' ᾧ γέγονεν ἀλλ' ὑφ' οὗ γέγονεν, ὡς ὁ Σαλπιγκτὴς καὶ ὁ Δορυφόρος. Ὁ δὲ Κάτων, ἤδη τότε τῆς Ῥώμης καταπιμπλαμένης ἀνδριάντων, οὐκ ἐῶν αὐτοῦ γενέσθαι, „μᾶλλον" ἔφη „βούλομαι πυνθάνεσθαί τινας, διὰ τί μου ἀνδριὰς οὐ κεῖται ἢ διὰ τί κεῖται". Καὶ γὰρ φθόνον ἔχει τὰ τοιαῦτα καὶ νομίζουσιν οἱ πολλοὶ τοῖς μὴ λαβοῦσιν αὐτοὶ χάριν ὀφείλειν, τοὺς δὲ λαβόντας αὐτοῖς καὶ βαρεῖς εἶναι, οἷον ἐπὶ μισθῷ ✣ τὰς χρείας ἀπαιτοῦντες. Ὥσπερ
C οὖν ὁ παραπλεύσας τὴν Σύρτιν εἶτ' ἀνατραπεὶς περὶ τὸν πορθμὸν οὐθὲν μέγα πεποίηκεν οὐδὲ σεμνόν, οὕτως ὁ τὸ ταμιεῖον φυλαξάμενος καὶ τὸ δημοσιώνιον ἁλοὺς δὲ περὶ τὴν προεδρίαν ἢ τὸ πρυτανεῖον, ὑψηλῷ <μὲν> προσέπταικεν ἀκρωτηρίῳ βαπτίζεται δ' ὁμοίως. Ἄριστος μὲν οὖν ὁ μηδενὸς δεόμενος τῶν τοιούτων ἀλλὰ φεύγων καὶ παραιτούμενος. Ἂν δ' ᾖ μὴ ῥᾴδιον δήμου τινα χάριν ἀπώσασθαι καὶ φιλοφροσύνην πρὸς τοῦτο ῥυέντος, ὥσπερ οὐκ ἀργυρίτην οὐδὲ δωρίτην ἀγῶνα πολιτείας ἀγωνιζομένοις ἀλλ' ἱερὸν

jungen Menschen von Kindheit an sofort belehrt werden sollen, dass es sich nicht schickt, sein Äußeres ringsum mit Gold zu behängen, auch nicht, solches zu erwerben, weil sie eigenes in die Seele eingegebenes Gold besäßen, - er spielt, meine ich, auf die Tugend an, die aus ihrer Sippe in ihre natürliche Veranlagung übergeht, - ebenso lasst uns den Ehrgeiz mindern, indem wir uns immer wieder sagen, dass wir in unserem eigenen Innern eine unverderbliche, unverfälschte und von Neid und Tadel unantastbare Ehre besitzen, die sich noch vergrößert, wenn wir das, was wir in der Politik geleistet haben, erwägen und erinnern. Daher haben wir keinen Bedarf an Ehrenmalen, seien es in Stein gemeißelte Inschriften oder aus Stein beziehungsweise Erz geformte Skulpturen, bei denen sogar das, was sie berühmt sein lässt, nichts mit uns zu tun hat. Denn gelobt und gepriesen wird nicht der, dem zu Ehren man sie schuf, sondern der, von dem sie geschaffen wurden, beispielsweise der berühmte „Trompeter"[145] und der berühmte „Doryphoros"[146]. Als Rom schon voller Ehrenstatuen war, ließ es Cato nicht zu, dass für ihn eine geschaffen wurde. „Es ist mir lieber", erklärte er, „die Leute erkundigen sich danach, weswegen meine Statue nicht aufgestellt sei, als danach, weswegen sie denn aufgestellt sei. Ehrungen solcher Art erregen den Neid, und zudem bildet sich das Volk ein, es schulde denen noch einen Gunsterweis, die noch keine Ehrung empfangen haben, die Empfänger einer Ehrung dagegen schuldeten ihm Dank und seien aufdringliche Leute, da sie vermutlich nur um einer Belohnung willen nach Diensten für den Staat verlangten. Ebenso wie der Schiffer, der nach gelungener Umsegelung der gefährlichen Syrten[147] dann doch im ruhigen Hafen Schiffbruch erlitten hat, nichts Großartiges und Erhabenes vollbracht hat, so ist der Bürger, der sich vor der Ehre, Staatsschatz und Zölle zu verwalten, gehütet hat, sich aber zu der des Ratsvorsitzenden oder Prytanen hat verpflichten lassen, zwar an einem hohen Vorgebirge gescheitert, aber er versinkt genauso gut in den Fluten. Am besten schneidet also der ab, der nichts Derartiges begehrt, sondern davon Abstand nimmt und Verzicht übt. Sollte es aber nicht leicht fallen, Gunst- und Sympathie-Bekundungen zurückzuweisen, weil das Volk hartnä-

ὡς ἀληθῶς καὶ στεφανίτην ἐπιγραφή τις ἀρκεῖ καὶ πινάκιον
D καὶ ψήφισμα καὶ θαλλός, ὡς Ἐπιμενίδης ἔλαβεν ἐξ ἀκροπόλεως καθήρας τὴν πόλιν. Ἀναξαγόρας δὲ τὰς διδομένας ἀφεὶς τιμάς ᾐτήσατο τὴν ἡμέραν ἐκείνην, καθ' ἣν ἂν τελευτήσῃ, τοὺς παῖδας ἀφιέναι παίζειν καὶ σχολάζειν ἀπὸ τῶν μαθημάτων. Τοῖς δὲ τοὺς Μάγους ἀνελοῦσιν ἑπτὰ Πέρσαις ἔδωκαν αὐτοῖς καὶ τοῖς ἀπ' αὐτῶν γενομένοις εἰς τοὔμπροσθεν τὰ σκέλη συνάπτοντας τῇ κεφαλῇ τὴν τιάραν φέρειν· τοῦτο γὰρ ἐποιήσαντο σύμβολον, ὡς ἔοικε, χωροῦντες ἐπὶ τὴν πρᾶξιν. Ἔχει δέ τι καὶ ἡ τοῦ Πιττακοῦ τιμὴ πολιτικόν· ἧς γὰρ ἐκτήσατο χώρας τοῖς πολίταις
E γῆν ὅσην ἐθέλοι λαβεῖν κελευσθεὶς ἔλαβε τοσαύτην, ὅσην ἐπῆλθε τὸ ἀκόντιον αὐτοῦ βαλόντος· ὁ δὲ Ῥωμαῖος Πόπλιος, ἣν ἡμέρᾳ μιᾷ χωλὸς ὢν περιήροσεν. Οὐ γὰρ μισθὸν εἶναι δεῖ τῆς πράξεως ἀλλὰ σύμβολον τὴν τιμήν, ἵνα καὶ διαμένῃ πολὺν χρόνον, ὥσπερ ἐκεῖναι διέμειναν. Τῶν δὲ Δημητρίου τοῦ Φαληρέως τριακοσίων ἀνδριάντων οὐδεὶς ἔσχεν ἰὸν οὐδὲ πίνον, ἀλλὰ πάντες ἔτι ζῶντος προανῃρέθησαν· τοὺς δὲ Δημάδου κατεχώνευσαν εἰς ἀμίδας· καὶ πολλαὶ τοιαῦτα τιμαὶ πεπόνθασιν οὐ μοχθηρίᾳ τοῦ λαβόντος μόνον ἀλλὰ καὶ μεγέθει τοῦ δοθέντος δυσχεραν-
F θεῖσαι. Διὸ κάλλιστον καὶ βεβαιότατον εὐτέλεια τιμῆς φυλακτήριον, αἱ δὲ μεγάλαι καὶ ὑπέρογκοι καὶ βάρος ἔχουσαι παραπλησίως τοῖς ἀσυμμέτροις ἀνδριᾶσι ταχὺ περιτρέπονται.

ckig darauf beharrt, dann genügt doch als Anerkennung für einen, der gleichsam in einem politischen Wettkampf steht, in einem, der nicht um Geld und Gaben geführt wird, sondern in einem, der wahrhaft heilig ist und wo der Lohn nur ein Siegerkranz ist, eine Inschrift, eine Gedenktafel, ein staatliches Ehrendekret und ein Olivenzweig, wie ihn Epimenides[148] nach der rituellen Reinigung des Staates empfing, gepflückt auf der Akropolis. Anaxagoras[149] schlug die ihm angebotenen Ehrungen aus und verlangte nur, man möge künftig an dem Tag, an dem er sterben werde, den Kindern zu Spiel und Erholung vom Unterricht schulfrei geben. Den sieben Persern, die den verschworenen Magern[150] den Garaus gemacht hatten, ihnen selber und ihren Nachfahren, gewährte man, dass sie die Bänder an ihrem Kopf vorne zuknoteten und so die Tiara tragen durften. Das hatten sie vermutlich zu ihrem Erkennungszeichen gemacht, als sie zur Tat geschritten waren. Auch wie sich Pittakos[151] ehren ließ, zeugt irgendwie von staatsmännischer Art. Aufgefordert, sich von dem Land, das er seinen Mitbürgern hinzugewonnen hatte, so viel anzueignen, wie er nur wolle, nahm er nur, soviel der von seiner Hand geschleuderte Speer überflog, der Römer Horatius Cocles[152] wiederum so viel Land, wie er an einem einzigen Tage, lahm wie er war, mit einer Ackerfurche umgeben konnte. In der Tat soll die ehrende Gabe keine reelle Bezahlung für Geleistetes sein, sondern nur ein Symbol, damit sie auch auf lange Zeit Bestand habe, wie ja auch die erwähnten bestehen blieben. Unter den 300 Standbildern des Demetrios von Phaleron erreichte es kein einziges, Rost, ja nicht einmal Schmutz anzusetzen, vielmehr wurden alle noch vor seinem Ableben umgestürzt. Und die des Demades[153] schmolzen sie zu Nachttöpfen um. Und vielen Ehrengaben erging es ebenso – verhasst geworden, nicht nur, weil der Empfänger ihrer unwürdig war, sondern auch wegen der Größe der Gabe. Daher ist der ehrenvollste und beständigste Schutz einer Ehrengabe ihre Schlichtheit, wogegen sich die großartigen, übertriebenen gewichtigen Ehrenbekundungen, ähnlich wie unausgewogene Standbilder, rasch umstürzen lassen.

28. Ὀνομάζω δὲ νῦν τιμὰς, ἃς οἱ πολλοὶ κατ' Ἐμπεδοκλέα

ᾗ θέμις οὐ καλέουσι, νόμῳ δ' ἐπίφημι καὶ αὐτός·

ἐπεὶ τὴν γ' ἀληθινὴν τιμὴν καὶ χάριν ἰδρυμένην ἐν εὐνοίᾳ καὶ διαθέσει τῶν μεμνημένων οὐχ ὑπερόψεται πολιτικὸς
821 ἀνήρ, οὐδέ γε δόξαν ἀτιμάσει φεύγων τὸ „τοῖς πέλας ἁνδάνειν", ὡς ἠξίου Δημόκριτος. Οὐδὲ γὰρ κυνῶν ἀσπασμὸς οὐδ' ἵππων εὔνοια θηραταῖς καὶ ἱπποτρόφοις ἀπόβλητον, ἀλλὰ καὶ χρήσιμον καὶ ἡδὺ συντρόφοις καὶ συνήθεσι ζῴοις τοιαύτην ἐνεργάσασθαι διάθεσιν πρὸς αὑτὸν, οἵαν ὁ Λυσιμάχου κύων ἐπεδείκνυτο καὶ τῶν Ἀχιλλέως ἵππων ὁ ποιητὴς διηγεῖται περὶ τὸν Πάτροκλον· οἶμαι δ' ἂν καὶ τὰς μελίττας ἀπαλλάττειν βέλτιον, εἰ τοὺς τρέφοντας καὶ θεραπεύοντας ἀσπάζεσθαι καὶ προσίεσθαι μᾶλλον ἢ κεντεῖν καὶ χαλεπαίνειν ἐβού-
B λοντο· νυνὶ δὲ ταύτας μὲν καπνῷ κολάζουσιν, ἵππους δ' ὑβριστὰς καὶ κύνας ἀποστάτας κλοιοῖς καὶ χαλινοῖς ἄγουσιν ἠναγκασμένους· ἄνθρωπον δ' ἀνθρώπῳ χειροήθη καὶ πρᾶον ἑκουσίως οὐδὲν ἀλλ' ἢ πίστις εὐνοίας καὶ καλοκαγαθίας δόξα καὶ δικαιοσύνης παρίστησιν. Ἧι καὶ Δημοσθένης ὀρθῶς μέγιστον ἀποφαίνεται πρὸς τοὺς τυράννους φυλακτήριον ἀπιστίαν ταῖς πόλεσι· τοῦτο γὰρ μάλιστα τῆς ψυχῆς τὸ μέρος, ᾧ πιστεύομεν, ἁλώσιμόν ἐστιν. Ὥσπερ οὖν τῆς Κασάνδρας ἀδοξούσης ἀνόνητος ἦν ἡ μαντικὴ τοῖς πολίταις,

φησὶν,
      Ἄκραντα γάρ με,
      ἔθηκε θεσπίζειν θεός,
      καὶ πρὸς παθόντων κἀν κακοῖσι κειμένων

28. Ich nenne jetzt „Ehrung", was die Leute, wie es Empedokles[154] ausdrückt,

„nicht so benennen, wie es richtig wäre,
aber auch ich folge dem Brauch". (B 9,5)

Ein Mann von politischem Gespür wird doch wohl die echte Ehre und Gunst, die auf dem Wohlwollen und der Dankbarkeit derer beruht, die sich erinnern, nicht geringschätzen und den Ruhm nicht verschmähen und sich scheuen, „den Nachbarn zu gefallen", was Demokrit[155] empfahl. Auch die freudige Begrüßung der Hunde und das zutrauliche Verhalten der Pferde dürfen Jäger und Pferdehalter nicht abwehren, vielmehr ist es nützlich und angenehm, wenn man Tieren, die mit uns leben und an uns gewöhnt sind, ein solches Verhalten anerzieht, wie es der Hund des Lysimachos[156] an den Tag legte, und wie es die Rosse des Achilleus[157] in Homers Darstellung dem Patroklos gegenüber zeigten. Ich glaube, auch den Bienen würde es besser ergehen, wenn sie nur ihre Ernährer und Pfleger an sich heranließen, anstatt sie zu stechen und zu reizen. Anstatt dessen werden diese Tiere mit Rauch zurückgeschreckt, starrköpfige Pferde und aufmüpfige Hunde werden mit Zügeln und Halseisen gebändigt. Was aber einen Menschen dem anderen aus eigenem Antrieb zutraulich und freundlich zur Seite treten lässt, ist nichts anderes als das Vertrauen auf den guten Willen des andern und auf dessen Ruf der Rechtschaffenheit und Gerechtigkeit. Wie ja auch Demosthenes ganz richtig zum stärksten Schutzschild der Staaten gegen Tyrannen das Misstrauen erklärt. In der Tat ist der Teil der Seele, mit dem wir Vertrauen entgegenbringen, leicht zu umgarnen. So nützte bekanntlich Kassandras[158] Seherkunst ihren Mitbürgern nichts, weil sie keinen guten Ruf genoss

„Vergebliche Seherkunst", klagt sie, „gab mir der Gott: erst wer vom Unheil schon ereilt am Boden liegt, der heißt mich „die Weise", vorher nur „die Irre". (Eur.Alex.fr.11 Sn.)

C   σοφή κέκλημαι, πριν παθεΐν δε μαίνομαι·
ούτως ή προς Άρχύταν πίστις και προς Βάττον εύνοια των
πολιτών μεγάλα τούς χρωμένους αύτοΐς διά την δόξαν
ώφέλησε. Και τοϋτο μεν πρώτον και μέγιστον ένεστι τη
δόξη τη των πολιτικών άγαθόν, ή πάροδον επι τάς πράξεις διδοϋσα πίστις· δεύτερον δ' ότι προς τούς βασκάνους
και πονηρούς όπλον ή παρά των πολλών εύνοια τοΐς άγαθοΐς έστιν

ως ότε μήτηρ
παιδός έέργει μυΐαν, όθ' ήδέι λέξεται ύπνω,

άπερύκουσα τον φθόνον και προς τάς δυνάμεις έπανισοϋσα
τον άγεννή τοΐς εύπατρίδαις και τον πένητα τοΐς πλου-
D   σίοις και τον ιδιώτην τοΐς άρχουσι· και όλως, όταν αλήθεια και αρετή προσγένηται, φορόν έστι πνεϋμα και βέβαιον έπι την πολιτείαν. Σκόπει δε την εναντίαν καταμανθάνων διάθεσιν έν τοΐς παραδείγμασι. Τούς μέν γε
Διονυσίου παΐδας και την γυναίκα καταπορνεύσαντες οι
περι την Ίταλίαν άνεΐλον, είτα, καύσαντες τά σώματα την
τέφραν κατέσπειραν έκ πλοίου κατά της θαλάττης. Μενάνδρου δέ τίνος έν Βάκτροις επιεικώς βασιλεύσαντος εΐτ'
άποθανόντος έπι στρατοπέδου, την μεν άλλην έποιήσαντο
κηδείαν κατά τό κοινόν αί πόλεις, περι δέ των λειψάνων
E   αύτοϋ καταστάντες εις αγώνα μόλις συνέβησαν, ώστε
νειμάμενοι μέρος ίσον της τέφρας άπελθεΐν, και γενέσθαι
μνημεία παρά πάσι τοϋ ανδρός. Αύθις Άκραγαντίνοι μεν
άπαλλαγέντες Φαλάριδος έψηφίσαντο μηδένα φορείν
ίμάτιον γλαύκινον, οι γάρ υπηρέται τοϋ τυράννου γλαυκίνοις έχρώντο περιζώμασι. Πέρσαι δ', ότι γρυπός ην Κύρος, έτι και νϋν έρώσι των γρυπών και καλλίστους ύπολαμβάνουσιν.

So nützte das auf Archytas[159] gesetzte Vertrauen und die Liebe zu Battos[160] solchen Bürgern außerordentlich, die ihre Dienste deswegen in Anspruch nahmen, weil sie Ansehen genossen. Und das ist nun der erste und größte Schatz, der in einem hohen Ansehen der Politiker liegt: das für das öffentliche Wirken den Weg bereitende Vertrauen. Der zweite hohe Wert des hohen Ansehens liegt darin, dass die Liebe des Volkes für den rechtschaffenen Mann eine Waffe ist gegen Verleumder und Böswillige,

„wie wenn eine Mutter die Fliegen vom Kinde verscheucht, wenn es in süßem Schlummer liegt, (Ilias 4,130)

eine den Neid abwehrende Waffe und eine, die mit den Mächtigen ebenbürtig macht: den niedrig Geborenen mit dem Adligen, den Armen mit dem Reichen und den einfachen Bürger mit der Amtsperson. Kurz: wenn sich noch Wahrhaftigkeit und Rechtschaffenheit dazugesellen, dann ergibt sich ein günstiger und stetiger Fahrtwind für politische Tätigkeit. Betrachte nun aufmerksam die gegensätzlichen Gesinnungen in den folgenden Beispielen. Die Kinder und die Frau des Dionysios[161] haben die Italiker geschändet und dann getötet, darauf verstreuten sie die Asche der verbrannten Leiber von einem Schiff aus im Meer. Als dagegen ein gewisser Menander[162] bei den Baktriern als König rechtschaffen geherrscht hatte und dann auf einem Feldzug umgekommen war, veranstalteten für ihn die Städte einerseits alle gemeinsam die Totenfeier, stritten sich aber um seine leiblichen Überreste und wurden sich nur mit Mühe einig, dass sie mit gleich großen Anteilen seiner Asche heimkehrten, und dass Erinnerungsmale für diesen Mann bei ihnen allen errichtet wurden. Die Agrigentiner wiederum beschlossen nach ihrer Befreiung von dem Tyrannen Phalaris[163], dass niemand mehr einen blauen Mantel tragen dürfe, denn die Schergen des Tyrannen trugen blaue Umhänge. Die Perser aber lieben gerade, weil Kyros[164] eine Adlernase hatte, auch heute noch die Krummnasigen und sehen sie als die schönsten Menschen an.

29. Οὕτως ἁπάντων ἐρώτων ἰσχυρότατος ἅμα καὶ
θειότατός ἐστιν ὁ πόλεσι καὶ δήμοις πρὸς ἕνα δι' ἀρετὴν
F ἐγγιγνόμενος· αἱ δ' ἀπὸ θεάτρων ἢ νεμήσεων ἢ μονομάχων
ψευδώνυμοι τιμαὶ καὶ ψευδομάρτυρες ἑταιρικαῖς ἐοίκασι
κολακείαις ὄχλων ἀεὶ τῷ διδόντι καὶ χαριζομένῳ προσ-
μειδιώντων ἐφήμερόν τινα καὶ ἀβέβαιον δόξαν. Εὖ μὲν
οὖν ὁ πρώτως εἰπὼν καταλυθῆναι δῆμον ὑπὸ τοῦ πρώτου
δεκάσαντος συνεῖδεν, ὅτι τὴν ἰσχὺν ἀποβάλλουσιν οἱ πολλοὶ
822 τοῦ λαμβάνειν ἥττονες γενόμενοι· δεῖ δὲ καὶ τοὺς δεκά-
ζοντας οἴεσθαι καταλύειν ἑαυτούς, ὅταν ἀναλωμάτων
μεγάλων ὠνούμενοι τὴν δόξαν ἰσχυροὺς ποιῶσι καὶ θρα-
σεῖς τοὺς πολλούς, ὡς μέγα τι καὶ δοῦναι καὶ ἀφελέσθαι
κυρίους ὄντας.

30. Οὐ μὴν διὰ τοῦτο μικρολογητέον ἐν τοῖς νενο-
μισμένοις φιλοτιμήμασι, τῶν πραγμάτων εὐπορίαν παρ-
εχόντων· ὡς μᾶλλον οἱ πολλοὶ μὴ μεταδιδόντα τῶν ἰδίων
πλούσιον ἢ πένητα τῶν δημοσίων κλέπτοντα δι' ἔχθους
ἔχουσιν, ὑπεροψίαν τοῦτο καὶ περιφρόνησιν αὐτῶν ἐκεῖνο
δ' ἀνάγκην ἡγούμενοι. Γιγνέσθωσαν οὖν αἱ μεταδόσεις
B πρῶτον μὲν ἀντὶ μηδενός· οὕτω γὰρ ἐκπλήττουσι καὶ
χειροῦνται μᾶλλον τοὺς λαμβάνοντας. Ἔπειτα σὺν καιρῷ
πρόφασιν ἀστείαν καὶ καλὴν ἔχοντι, μετὰ τιμῆς θεοῦ πάντως ἀγούσης πρὸς εὐσέβειαν· ἐγγίγνεται γὰρ ἅμα τοῖς
πολλοῖς ἰσχυρὰ διάθεσις καὶ δόξα τοῦ τὸ δαιμόνιον εἶναι
μέγα καὶ σεμνόν, ὅταν, οὓς αὐτοὶ τιμῶσι καὶ μεγάλους
νομίζουσιν, οὕτως ἀφειδῶς καὶ προθύμως περὶ τὸ θεῖον
ὁρῶσι φιλοτιμουμένους. Ὥσπερ οὖν ὁ Πλάτων ἀφεῖλε τῶν
παιδευομένων νέων τὴν ἁρμονίαν τὴν Λύδιον καὶ τὴν
Ἰαστί, τὴν μὲν τὸ θρηνῶδες καὶ φιλοπενθὲς ἡμῶν ἐγείρου-
C σαν τῆς ψυχῆς, τὴν δὲ τὸ πρὸς ἡδονὰς ὀλισθηρὸν καὶ ἀκόλαστον αὔξουσαν, οὕτως σὺ τῶν φιλοτιμιῶν ὅσαι τὸ φονι-

29. So ist von allen Arten der Liebe die stärkste und zugleich göttlichste die, welche in Staaten und Völkern einem Mann um seiner Tüchtigkeit willen entgegengebracht wird. Jene Ehrungen, die mit Theaterfesten, Kampfspielen und Verteilungen von Geld begründet werden und somit einen falschen Namen tragen und falsch Zeugnis reden, ähneln den Schmeicheleien der Hetären, verteilt von Volkmassen, die stets dem freigiebigen und entgegenkommenden Politiker einen ganz kurzlebigen, unsicheren Ruhm zulächeln. Eine treffende Erkenntnis hatte also der Mann, der behauptete: die Herrschaft des Volkes werde zum ersten Mal von dem zerstört, dem zum ersten Mal gelinge, es zu bestechen, weil das Volk seine eigene Macht wegwerfe, sobald es der Habsucht unterliege. Aber auch wer Bestechungen begeht, muss wissen, dass er sich jedes Mal selber entmachtet, wenn er mit hohen Kosten Popularität erkauft und so das Volk stark und übermütig macht, als hätte es die Macht, etwas Bedeutendes zu schenken und wegzunehmen.

30. Aus diesen Gründen darf man indes bei den üblichen Wohltätigkeiten keinen kleinlichen Geiz walten lassen, wenn der Staatshaushalt reichlichen Vorrat bereithält. Denn das Volk verachtet eher den Reichen, der vom Eigenen nichts abgibt, als den Armen, der insgeheim von öffentlichem Eigentum stiehlt, da es das eine als ihm geltende Geringschätzung und Verachtung, das andere aber als Nothandlung betrachtet. Die Wohltätigkeiten sollen also erstens stattfinden, ohne irgendetwas dafür zu erwarten - so überraschen und überwältigen sie Begünstigte stärker - und zweitens zu einem geeigneten Zeitpunkt, mit feinem ehrbarem Vorwand, verbunden mit Gottesdienst, um allgemein die Frömmigkeit zu fördern. Zugleich entsteht im Volk eine Auffassung und Ahnung von der Größe und Würde des Göttlichen, wenn sie die in ihren Augen ehrenwerten und bedeutenden Leute dabei erblicken, wie sie großzügig und eifrig zu Ehren des Göttlichen in Freigiebigkeit wetteifern. Wie Platon aus der musikalischen Erziehung der Jugend die lydische und ionische Tonart entfernte, die eine, weil sie den zu Weinen und Klagen neigenden Teil der

κὸν καὶ θηριῶδες ἢ τὸ βωμολόχον καὶ ἀκόλαστον ἐρεθίζουσι καὶ τρέφουσι, μάλιστα μὲν ἐξέλαυνε τῆς πόλεως, εἰ δὲ μή, φεῦγε καὶ διαμάχου τοῖς πολλοῖς αἰτουμένοις τὰ τοιαῦτα θεάματα· χρηστὰς δὲ καὶ σώφρονας ἀεὶ ποιοῦ τῶν ἀναλωμάτων ὑποθέσεις, τὸ καλὸν ἢ τὸ ἀναγκαῖον ἐχούσας τέλος ἢ τὸ γοῦν ἡδὺ καὶ κεχαρισμένον ἄνευ βλάβης καὶ ὕβρεως προσούσης.

31. Ἂν δ' ᾖ τὰ τῆς οὐσίας μέτρια καὶ κέντρῳ καὶ διαστή-
D ματι περιγραφόμενα πρὸς τὴν χρείαν, οὔτ' ἀγεννὲς οὔτε ταπεινὸν οὐδέν ἐστι πενίαν ὁμολογοῦντα ταῖς τῶν ἐχόντων ἐξίστασθαι φιλοτιμίαις, καὶ μὴ δανειζόμενον οἰκτρὸν ἅμα καὶ καταγέλαστον εἶναι περὶ τὰς λειτουργίας· οὐ γὰρ λανθάνουσιν ἐξασθενοῦντες ἢ φίλοις ἐνοχλοῦντες ἢ θωπεύοντες δανειστάς, ὥστε μὴ δόξαν αὐτοῖς μηδ' ἰσχὺν ἀλλὰ μᾶλλον αἰσχύνην καὶ καταφρόνησιν ἀπὸ τῶν τοιούτων ἀναλωμάτων ὑπάρχειν. Διὸ χρήσιμον ἀεὶ πρὸς τὰ τοιαῦτα μεμνῆσθαι τοῦ Λαμάχου καὶ τοῦ Φωκίωνος· οὗτος μὲν γάρ, ἀξιούντων αὐτὸν ἐν θυσίᾳ τῶν Ἀθηναίων ἐπιδοῦναι
E καὶ κροτούντων πολλάκις „αἰσχυνοίμην ἄν" εἶπεν „ὑμῖν μὲν ἐπιδούς Καλλικλεῖ δὲ τούτῳ μὴ ἀποδιδούς", δείξας τὸν δανειστήν· Λάμαχος δ' ἐν τοῖς τῆς στρατηγίας ἀεὶ προσέγραφεν ἀπολογισμοῖς ἀργύριον εἰς κρηπῖδας αὑτῷ καὶ ἱμάτιον. Ἕρμωνι δὲ Θεσσαλοί, φεύγοντι τὴν ἀρχὴν ὑπὸ πενίας, ἐψηφίσαντο λάγυνον οἴνου κατὰ μῆνα διδόναι καὶ μέδιμνον ἀλφίτων ἀφ' ἑκάστης τετράδος. Οὕτως οὔτ'
F ἀγεννές ἐστι πενίαν ὁμολογεῖν, οὔτε λείπονται πρὸς

Seele aufweckt, die andere, weil sie den Teil verstärkt, der uns in die sinnlichen Genüsse und in Zügellosigkeit abgleiten lässt: so verbanne du aus deiner Stadt vornehmlich alle die Veranstaltungen ehrgeiziger Bürger, mit denen Mordlust und Grausamkeit oder billige Vergnügungssucht und Enthemmung erregt werden und Nährboden finden. Gelingt das nicht, so entziehe dich ihnen und widerstehe standhaft dem Volk, wenn es derartige Spektakel verlangt. Überprüfe deine Kosten und Auslagen stets auf Nützlichkeit und Vernünftigkeit. Sie sollten auf Anständiges und Notwendiges zielen oder wenigstens auf Vergnügliches und Gefälliges ohne schädliche und frevelhafte Begleiterscheinungen.

31. Wenn nun die eigenen Vermögensverhältnisse nur mäßig und mit Zirkel und Lineal nach den Bedürfnissen begrenzt sind, dann liegt nichts Unehrenhaftes und Erniedrigendes darin, die Armut eingestehend den ehrgeizigen Spendenaktionen der Vermögenden fernzubleiben, keinen Kredit aufzunehmen und dadurch zu vermeiden, wegen der finanziellen Leistungen im Staatsamt zugleich bemitleidet und verlacht zu werden. Es bleibt den Leuten ja nicht verborgen, wenn es einem an Geld und Gut mangelt, wenn man den Freunden auf der Tasche liegt oder Geldverleihern den Hof macht, so dass einem nicht Ruhm und nicht Macht, sondern eher Schmach und Verachtung aus solchen Aufwendungen erwachsen. Darum ist es gegen solche Versuchungen von Nutzen, sich an Lamachos und an Phokion zu erinnern. Dieser antwortete nämlich den Athenern, als sie ihn bei einem Opferfest um einen Beitrag baten und wiederholt lärmend in ihn drangen: „Ich würde mich schämen, wenn ich euch etwas dazu geben würde, dem Kallikles hier - er zeigte auf seinen Gläubiger - sein Geld dagegen nicht zurückerstatten würde." Und Lamachos pflegte stets in die Abrechnungen seiner Feldzüge die Ausgaben für seine Schuhe und seinen Mantel mit aufzunehmen. Dem Hermon[165] sodann, der aus Armut das Staatsamt ablehnte, bewilligten die Thessalier per Dekret eine Flasche Wein und eine Medimne Mehl pro Monat aus jedem ihrer vier Distrikte. Also ist es weder unehrenhaft, Armut einzugestehen, noch haben die armen Politiker weniger Zugang

δύναμιν έν πόλεσι τῶν ἑστιώντων καὶ χορηγούντων οἱ πένητες, ἂν παρρησίαν ἀπ' ἀρετῆς καὶ πίστιν ἔχωσι. Δεῖ δὴ μάλιστα κρατεῖν ἑαυτῶν ἐν τοῖς τοιούτοις, καὶ μήτ' εἰς πεδία καταβαίνειν πεζὸν ἱππεῦσι μαχούμενον μήτ' ἐπὶ στάδια καὶ θυμέλας καὶ τραπέζας πένητα πλουσίοις, ὑπὲρ δόξης καὶ δυναστείας διαγωνιζόμενον, ἀλλ' ἀπ' ἀρετῆς καὶ φρονήματος ἀεὶ μετὰ λόγου πειρωμένοις ἄγειν
823 τὴν πόλιν, οἷς οὐ μόνον τὸ καλὸν καὶ τὸ σεμνὸν ἀλλὰ καὶ τὸ κεχαρισμένον καὶ ἀγωγὸν ἔνεστι,

Κροισείων ἐρατώτερον στατήρων.

Οὐ γὰρ αὐθάδης οὐδ' ἐπαχθὴς ὁ χρηστός, οὐδ' αὐθέκαστος ἐστιν ὁ σώφρων ἀνὴρ

στείχει πολίταις ὄμμ' ἔχων ἰδεῖν πικρόν,

ἀλλὰ πρῶτον μὲν εὐπροσήγορος καὶ κοινὸς ὢν πελάσαι καὶ προσελθεῖν ἅπασιν, οἰκίαν τε παρέχων ἄκλειστον ὡς λιμένα φύξιμον ἀεὶ τοῖς χρῄζουσι, καὶ τὸ κηδεμονικὸν καὶ φιλάνθρωπον οὐ χρείαις οὐδὲ πράξεσι μόνον ἀλλὰ καὶ τῷ συναλγεῖν πταίουσι καὶ κατορθοῦσι συγχαίρειν ἐπιδεικνύμενος· οὐδαμῇ δὲ λυπηρὸς οὐδ' ἐνοχλῶν οἰκετῶν πλήθει
B περὶ λουτρὸν ἢ καταλήψεσι τόπων ἐν θεάτροις, οὐδὲ τοῖς εἰς τρυφὴν καὶ πολυτέλειαν ἐπιφθόνοις παράσημος· ἀλλ' ἴσος καὶ ὁμαλὸς ἐσθῆτι καὶ διαίτῃ καὶ τροφαῖς παίδων καὶ θεραπείᾳ γυναικός, οἷον ὁμοδημεῖν καὶ συνανθρωπεῖν τοῖς πολλοῖς βουλόμενος· ἔπειτα σύμβουλον εὔνουν

zur Macht als jene, die Speisungen und Theateraufführungen veranstalten, wenn sie auf Grund ihrer Tüchtigkeit die Freiheit des Wortes und das Vertrauen des Volkes besitzen. Natürlich ist in solcher Situation besondere Selbstbeherrschung vonnöten: man darf sich nicht in die flache Ebene begeben, um als Fußsoldat gegen Reiter zu kämpfen, und ebenso wenig darf man als ein Armer gegen Reiche in den Wettbewerb um Ruhm und Macht im Stadion, im Theater und im Bankettsaal einsteigen, sondern man muss sich mit solchen Männern messen, die dank ihrer Tüchtigkeit und Klugheit stets mit der Macht der Rede den Staat zu lenken versuchen, die in sich nicht nur Ehrenhaftigkeit und Würde besitzen, sondern auch die Gabe zu bezaubern und mitzureißen,

"inniger ersehnt als die Goldmünzen des Kroisos".
(Herakleides Pontikos?)

Nicht anmaßend, auch nicht unverträglich ist der rechtschaffene Mann, auch nicht dünkelhaft der Mann von gesundem Menschenverstand, und nicht

"stolziert er einher mit einem Blick, für Mitbürger bitter anzusehen."
(Trag.adesp.415)

Im Gegenteil: er ist zu allererst leicht anzusprechen und bereit, allen Bürgern ohne Unterschied Annäherung und Zutritt zu gewähren, und er lässt sein Haus unverschlossen, wie einen Hafen, zu dem Hilfesuchende flüchten können, und er zeigt seine Fürsorge und Güte nicht nur durch Helfen und Zupacken, sondern auch dadurch, dass er mit Scheiternden mitleidet und mit den Erfolgreichen die Freude teilt. Nie ärgert und belästigt er Leute mit einer Unzahl von Dienern bei Besuchen in den Thermen oder weil er die Sitzplätze im Theater wegnimmt. Auch fällt er nicht durch das verhasste Abgleiten in ein üppiges und luxuriöses Leben auf. Vielmehr tritt er mit allen anderen als gleicher und ähnlich situierter Bürger auf: in Kleidung, in Lebensweise, in der Erziehung der Kinder und im Putz der Ehefrau, wie einer, der mit seinem Volk

καὶ συνήγορον ἄμισθον καὶ διαλλακτὴν εὐμενῆ πρὸς γυναῖκας ἀνδρῶν καὶ φίλων πρὸς ἀλλήλους παρέχων ἑαυτόν, οὐ μικρὸν ἡμέρας μέρος ἐπὶ τοῦ βήματος ἢ τοῦ λογείου πολιτευόμενος, εἶτ' ἤδη πάντα τὸν ἄλλον βίον

ἕλκων ἐφ' αὑτόν ὥστε καικίας νέφη,

C τὰς χρείας καὶ τὰς οἰκονομίας πανταχόθεν· ἀλλὰ δημοσιεύων ἀεὶ ταῖς φροντίσι καὶ τὴν πολιτείαν βίον καὶ πρᾶξιν, οὐκ ἀσχολίαν ὥσπερ οἱ πολλοὶ καὶ λειτουργίαν ἡγούμενος, πᾶσι τούτοις καὶ τοῖς τοιούτοις ἐπιστρέφει καὶ προσάγεται τοὺς πολλούς, νόθα καὶ κίβδηλα τὰ τῶν ἄλλων θωπεύματα καὶ δελεάσματα πρὸς τὴν τούτου κηδεμονίαν καὶ φρόνησιν ὁρῶντας. Οἱ μὲν γὰρ Δημητρίου κόλακες οὐκ ἠξίουν βασιλεῖς τοὺς ἄλλους προσαγορεύειν, ἀλλὰ τὸν μὲν Σέλευκον ἐλεφαντάρχην τὸν δὲ Λυσίμαχον γαζοφύλακα τὸν δὲ Πτολεμαῖον ναύαρχον ἐκάλουν τὸν δ' Ἀγα-
D θοκλέα νησίαρχην· οἱ δὲ πολλοί, κἂν ἐν ἀρχῇ τὸν ἀγαθὸν καὶ φρόνιμον ἀπορρίψωσιν, ὕστερον καταμανθάνοντες αὐτοῦ τὴν ἀλήθειαν καὶ τὸ ἦθος τοῦτον ἡγοῦνται μόνον πολιτικὸν καὶ δημοτικὸν καὶ ἄρχοντα, τῶν δ' ἄλλων τὸν μὲν χορηγόν τὸν δ' ἐστιάτορα τὸν δὲ γυμνασίαρχον καὶ νομίζουσι καὶ καλοῦσιν. Εἶθ' ὥσπερ ἐν τοῖς συμποσίοις, Καλλίου δαπανῶντος ἢ Ἀλκιβιάδου, Σωκράτης ἀκούεται καὶ πρὸς Σωκράτην πάντες ἀποβλέπουσιν, οὕτως ἐν ταῖς ὑγιαινούσαις πόλεσιν Ἰσμηνίας μὲν ἐπιδίδωσι καὶ δειπνί-
E ζει Λίχας καὶ χορηγεῖ Νικήρατος, Ἐπαμεινώνδας δὲ καὶ Ἀριστείδης καὶ Λύσανδρος καὶ ἄρχουσι καὶ πολιτεύονται καὶ στρατηγοῦσι. Πρὸς ἃ χρὴ βλέποντα μὴ ταπεινοῦσθαι μηδ' ἐκπεπλῆχθαι τὴν ἐκ θεάτρων καὶ ὀπτανείων καὶ πολυανδρίων προϊσταμένην τοῖς ὄχλοις δόξαν, ὡς ὀλίγον χρόνον ἐπιζῶσαν καὶ τοῖς μονομάχοις καὶ ταῖς σκηναῖς ὁμοῦ συνδιαλυομένην, ἔντιμον δὲ μηδὲν μηδὲ σεμνὸν ἔχουσαν.

als Bürger neben Bürgern und Mensch unter Menschen leben möchte. Sodann erweist er sich als wohlgesinnter Berater, als uneigennütziger Anwalt, als versöhnender Vermittler von Männern zu Ehefrauen und im Verhältnis von Freunden unter einander. Er befasst sich nicht etwa nur einen geringen Teil des Tages mit Politik auf der Tribüne oder im Theater, um nachher den ganzen restlichen Tag hindurch nutzbringende Dienste und Geschäfte

„wie der Nordwind die Wolken" (Trag.adesp.75 N.)

von allen Seiten „an sich zu ziehen". Er ist vielmehr mit seinen Gedanken und Sorgen immerzu auf das öffentliche Wohl bedacht, und er betrachtet die Politik als Lebensinhalt und Haupttätigkeit, nicht als Nebenbeschäftigung und lästigen Dienst, wie die meisten. Deswegen zieht er mit all diesen und ähnlichen Arten aufzutreten die Aufmerksamkeit auf seine Person und nimmt das Volk für sich ein, das die Schmeicheleien und Lockangebote der anderen Politiker als Betrug und Falschmünzerei ansieht im Gegensatz zu seiner Beflissenheit und klaren Einsicht. Die Schmeichler des Demetrios[166] hielten die anderen Diadochen nicht für würdig, sie „König" zu nennen, sie bezeichneten stattdessen den Seleukos als „Elephantenführer", den Lysimachos als „Tresorbewacher", den Ptolemaios als „Admiral", und den Agathokles als „Inselgouverneur". Wenn dagegen ein Volk einen tüchtigen und gescheiten Mann, auch wenn es ihn anfangs verworfen hat, danach in seiner Redlichkeit und sittlichen Haltung erkennt, dann glaubt es, dass dieser allein ein Staatsmann, ein Freund des Volkes und ein würdiger Lenker sei und betrachtet und bezeichnet von den anderen den einen nur als einen „Choregen", den anderen als einen „Bankettgeber", den dritten endlich als einen „Gymnasiarchen". So wie bei jenen Gastmählern, die ein Kallias[167] und Alkibiades mit großem Aufwand veranstalteten, den Worten des Sokrates gelauscht wurde und alle auf Sokrates schauten, so bieten dem Volk in wohlgeordneten Gemeinwesen ein Ismenos zwar großzügige Geldverteilungen, ein Lichas Gastmähler und ein Nikeratos Theaterdarbietungen, aber nur ein Epameinondas, ein Aristeides und

32. Οἱ μὲν ἔμπειροι θεραπείας καὶ τροφῆς μελιττῶν τὸν μάλιστα βομβοῦντα τῶν σίμβλων καὶ θορύβου μεστόν τοῦτον εὐθηνεῖν καὶ ὑγιαίνειν νομίζουσιν· ᾧ δὲ τοῦ λογι-
F κοῦ καὶ πολιτικοῦ σμήνους ἐπιμέλειαν ἔχειν ὁ θεὸς ἔδωκεν, ἡσυχίᾳ μάλιστα καὶ πραότητι δήμου τεκμαιρόμενος εὐδαιμονίαν τὰ μὲν ἄλλα τοῦ Σόλωνος ἀποδέξεται καὶ μιμήσεται κατὰ δύναμιν, ἀπορήσει δὲ καὶ θαυμάσει τί παθὼν ἐκεῖνος ὁ ἀνὴρ ἔγραψεν ἄτιμον εἶναι τὸν ἐν στάσει
824 πόλεως μηδετέροις προσθέμενον. Οὔτε γὰρ σώματι νοσοῦντι γίνεται μεταβολῆς ἀρχὴ πρὸς τὸ ὑγιαίνειν ἀπὸ τῶν συννοσούντων μερῶν, ἀλλ' ὅταν ἡ παρὰ τοῖς ἐρρωμένοις ἰσχύσασα κρᾶσις ἐκστήσῃ τὸ παρὰ φύσιν· ἔν τε δήμῳ στασιάσαντι μὴ δεινὴν μηδ' ὀλέθριον στάσιν ἀλλὰ παυσομένην ποτὲ δεῖ τὸ ἀπαθὲς καὶ τὸ ὑγιαῖνον ἐγκεκρᾶσθαι πολὺ καὶ παραμένειν καὶ συνοικεῖν· ἐπιρρεῖ γὰρ τούτῳ τὸ οἰκεῖον ἐκ τῶν σωφρονούντων καὶ δίεισι διὰ τοῦ νενοσηκότος· αἱ δὲ δι' ὅλων ἀναταραχθεῖσαι πόλεις κομιδῇ διεφθάρησαν, ἂν μή τινος ἀνάγκης ἔξωθεν τυχοῦσαι καὶ κολάσεως ὑπὸ κακῶν βίᾳ σωφρονήσωσιν. Οὐ μὴν ἀναίσθητον

ein Lysander sind ihre wahren Regenten, Politiker und Feldherren. Dies muss man im Auge behalten und daraufhin weder kleinmütig werden noch sich beeindrucken lassen von dem Ruhm, der das Volk ausgehend von Theatern, Küchen und Grabmälern für Gladiatoren[168] erreicht, weil ja dieser Ruhm nur eine kurze Frist überlebt und mit den Gladiatoren und den Theaterszenen dahinschwindet, aber nichts Ehrenhaftes und nichts Würdevolles an sich hat.

32. Wer Erfahrung in der Pflege und Ernährung von Bienen hat, beurteilt gerade den Bienenstock als gesund und lebenskräftig, der am lautesten summt und in dem ein lärmender Tumult herrscht. Wem nun Gott die Aufgabe gegeben hat, den mit Vernunft und Gemeinschaftssinn begabten Schwarm zu behüten, der schließt doch gerade aus der Ruhe und Friedfertigkeit des Volkes auf dessen Wohlergehen, und der wird deshalb zwar alle anderen Regelungen Solons[169] akzeptieren und nach Kräften nachahmen, er wird sich aber verwundert fragen, was den berühmten Mann bewogen hat, den Satz niederzuschreiben, derjenige verliere seine bürgerlichen Rechte, der sich bei einer Auseinandersetzung in der Bürgerschaft keiner der beiden Parteien anschließe. Auch in einem kranken Organismus beginnt der Umschwung zur Gesundung nicht in den ebenfalls erkrankten Bereichen, sondern er beginnt in dem Augenblick, in dem die bei den gesunden Bereichen herrschende Mischung der Säfte an Kraft gewinnt und das der Natur Widerstrebende hinaustreibt. Auch bei einem Volk, das von einem Aufruhr erfasst ist, der nicht gefährlich und auch nicht todbringend ist, sondern irgendwann ein Ende nehmen wird, besteht die Notwendigkeit, dass der immun und gesund gebliebene Teil sich bei den anderen kräftig einmischt, mit ihm ausharrt und zusammenhält. Denn durch diesen fließt die von den Vernünftigen ausgehende Heilkraft hinüber und durchdringt den erkrankten Bereich. Die in ihrer Gesamtheit von Aufruhr erfassten Staaten gehen rettungslos zugrunde, es sei denn, sie geraten unter äußeren Zwang und Druck und kommen, von den Leiden erschöpft, der Gewalt weichend, zur Vernunft. Auf keinen Fall steht es je-

Β οὐδ' ἀνάλγητον ἐν στάσει καθῆσθαι προσήκει τὴν περὶ
αὑτὸν ἀταραξίαν ὑμνοῦντα καὶ τὸν ἀπράγμονα βίον καὶ
μακάριον, ἐν ἑτέροις ἐπιτερπόμενον ἀγνωμονοῦσιν· ἀλλ'
ἐνταῦθα δεῖ μάλιστα τὸν Θηραμένους κόθορνον ὑποδού-
μενον ἀμφοτέροις ὁμιλεῖν καὶ μηδετέροις προστίθεσθαι·
δόξεις γὰρ οὐχὶ τῷ μὴ συναδικεῖν ἀλλότριος ἀλλὰ τῷ βοηθεῖν κοινὸς εἶναι πάντων, καὶ τὸ μὴ συνατυχεῖν οὐχ' ἕξει
φθόνον, ἂν πᾶσι φαίνῃ συναλγῶν ὁμοίως. Κράτιστον δὲ
προνοεῖν, ὅπως μηδέποτε στασιάζωσι, καὶ τοῦτο τῆς
C πολιτικῆς ὥσπερ τέχνης μέγιστον ἡγεῖσθαι καὶ κάλλιστον. Ὅρα γάρ, ὅτι τῶν μεγίστων ἀγαθῶν ταῖς πόλεσιν,
εἰρήνης ἐλευθερίας εὐετηρίας εὐανδρίας ὁμονοίας,
πρὸς μὲν εἰρήνην οὐδὲν οἱ δῆμοι τῶν πολιτικῶν ἔν γε τῷ παρ-
όντι χρόνῳ δέονται, πέφευγε γὰρ ἐξ ἡμῶν καὶ ἠφάνισται
πᾶς μὲν Ἕλλην πᾶς δὲ βάρβαρος πόλεμος· ἐλευθερίας
δ' ὅσον οἱ κρατοῦντες νέμουσι τοῖς δήμοις μέτεστι καὶ
τὸ πλέον ἴσως οὐκ ἄμεινον· εὐφορίαν δὲ γῆς ἄφθονον εὐμενῆ τε κρᾶσιν ὡρῶν, καὶ τίκτειν γυναῖκας

ἐοικότα τέκνα γονεῦσι

σωτηρίαν ⟨ τε ⟩ τοῖς γεννωμένοις εὐχόμενος ὅ γε
σώφρων αἰτήσεται παρὰ θεῶν τοῖς ἑαυτοῦ
D πολίταις. Λείπεται δὴ τῷ πολιτικῷ μόνον ἐκ τῶν
ὑποκειμένων ἔργων, ὃ μηδενὸς ἔλαττόν ἐστι τῶν ἀγαθῶν,
ὁμόνοιαν ἐμποιεῖν καὶ φιλίαν ἀεὶ τοῖς συνοικοῦσιν, ἔριδας
δὲ καὶ διχοφροσύνας καὶ δυσμένειαν ἐξαιρεῖν ἅπασαν,
ὥσπερ ἐν φίλων διαφοραῖς, τὸ μᾶλλον οἰόμενον ἀδικεῖ-
σθαι μέρος ἐξομιλοῦντα πρότερον καὶ συναδικεῖσθαι δο-

mandem zu, bei einem Aufruhr unempfindlich und gleichgültig im Lehnstuhl sitzen zu bleiben, dabei die eigene Unerschütterlichkeit und sein untätiges und glückseliges Leben laut zu preisen, und am kopflosen Treiben der anderen sein Vergnügen zu haben. Im Gegenteil: gerade in einer solchen Lage muss man sich den Kothurn des Theramenes[170] anziehen und gleichermaßen beide Parteien hin und her aufsuchen, aber mit keiner von beiden gemeinsame Sache machen. Denn weil du mit keiner von beiden gemeinsam Unrecht tust, wirst du keiner Seite als Anhänger der anderen erscheinen, hingegen wird man dich als einen gemeinsamen Partner aller ansehen, weil du Hilfe leistest. Und dass du von Unglück nicht mitbetroffen bist, wird keinen Neid erregen, wenn du allen in gleichem Maße offen dein Mitleid zeigst. Das Beste ist, Vorsorge zu treffen, dass es niemals unter ihnen zu einem Aufstand kommt, und darin die größte und schönste Aufgabe der Politik als einer Kunst zu erkennen. Schau doch hin: unter den höchsten politischen Zielen für alle Staaten wie Frieden, Freiheit, Wohlstand, Kindersegen und Eintracht brauchen die Völker zur Herstellung des Friedens, wenigstens gegenwärtig, die Politiker nicht – entschwunden aus unserer Mitte ist nämlich jeglicher Krieg zwischen Griechen wie auch jeder gegen Barbaren. An Freiheit besitzen die Völker so viel, wie die Herrschenden ihnen zuweisen, und mehr davon wäre vielleicht nicht so gut. Aber dass die Heimaterde reichlich Frucht tragen möge, die Jahreszeiten sich in ihrem Wechsel freundlich zeigen mögen, und dass die Frauen

„den Vätern ähnliche Kinder" (Hesiod, Erga 235)

gebären und die Kinder am Leben bleiben mögen, darum wird der Vernünftige im Gebet die Götter für seine Mitbürger bitten. Übrig bleibt also für den Politiker als einzige der möglichen Bestrebungen nur eine, die keinem der hohen Staatsziele nachsteht, nämlich immer gegenseitige Eintracht und Freundschaft unter allen Mitbewohnern zu verbreiten, alle Arten von Streit, Zwietracht und Böswilligkeit aber auszuschalten. Zum Beispiel spricht er bei einem Streit zwischen Freunden zu allererst die Partei an, die

κοῦντα καὶ συναγανακτεῖν, εἶθ' οὕτως ἐπιχειροῦντα πραΰνειν καὶ διδάσκειν ὅτι τῶν βιάζεσθαι καὶ νικᾶν ἐριζόντων οἱ παριέντες οὐκ ἐπιεικείᾳ καὶ ἤθει μόνον ἀλλὰ καὶ φρονήματι καὶ μεγέθει ψυχῆς διαφέρουσι, καὶ μικρὸν ὑφιέμενοι νικῶσιν ἐν τοῖς καλλίστοις καὶ μεγίστοις· ἔπειτα καὶ καθ' ἕνα καὶ κοινῇ διδάσκοντα καὶ φράζοντα τὴν τῶν Ἑλληνικῶν πραγμάτων ἀσθένειαν, ἧς ἐναπολαῦσαι ἄμεινόν ἐστι τοῖς εὖ φρονοῦσι, καὶ μεθ' ἡσυχίας καὶ ὁμονοίας καταβιῶναι, μηθὲν ἐν μέσῳ τῆς τύχης ἆθλον ὑπολελοιπυίας.

Τίς γὰρ ἡγεμονία, τίς δόξα τοῖς περιγενομένοις; Ποία δύναμις, ἣν μικρὸν ἀντυπάτου διάταγμα κατέλυσεν ἢ μετέστησεν εἰς ἄλλον, οὐθέν οὐδ' ἂν παραμένῃ σπουδῆς ἄξιον ἔχουσαν; Ἐπεὶ δέ, ὥσπερ ἐμπρησμὸς οὐ πολλάκις ἐκ τόπων ἱερῶν ἄρχεται καὶ δημοσίων, ἀλλὰ λύχνος τις ἐν οἰκίᾳ παραμεληθεὶς ἢ συρφετὸς διακαεὶς ἀνῆκε φλόγα πολλὴν καὶ δημοσίαν φθορὰν ἀπεργασαμένην, οὕτως οὐκ ἀεὶ στάσιν πόλεως αἱ περὶ τὰ κοινὰ φιλονεικίαι διακαίουσιν, ἀλλὰ πολλάκις ἐκ πραγμάτων καὶ προσκρουμάτων ἰδίων εἰς δημόσιον αἱ διαφοραὶ προελθοῦσαι συνετάραξαν ἅπασαν τὴν πόλιν, οὐδενὸς ἧττον τῷ πολιτικῷ προσήκει ταῦτ' ἰᾶσθαι καὶ προκαταλαμβάνειν, ὅπως τὰ μὲν οὐδ' ὅλως ἔσται τὰ δὲ παύσεται ταχέως, τὰ δ' οὐ λήψεται μέγεθος οὐδ' ἅψεται τῶν δημοσίων, ἀλλ' ἐν αὑτοῖς μενεῖ τοῖς διαφερομένοις, αὐτόν τε προσέχοντα καὶ φράζοντα τοῖς ἄλλοις, ὡς ἴδια κοινῶν καὶ μικρὰ μεγάλων αἴτια καθίσταται παροφθέντα καὶ μὴ τυχόντα θεραπείας ἐν ἀρχῇ μηδὲ παρηγορίας· Οἷον ἐν Δελφοῖς ὁ μέγιστος λέγεται γενέσθαι νεωτερισμὸς ὑπὸ Κράτητος, οὗ μέλλων θυγατέρα γαμεῖν Ὀρσίλαος ὁ Φάμιδος, εἶτα, τοῦ κρατῆρος αὐτομάτως ἐπὶ

sich tiefer beleidigt fühlt, und erweckt den Eindruck, als ob er mit angegriffen worden sei und ihre Empörung teile. Dann erst versucht er, sie zu beruhigen und ihnen klar zu machen, dass, wer nachgibt, dem, der bis zu einem gewaltsamen Sieg weiterstreitet, nicht nur an Mäßigung und Charakterstärke überlegen ist, sondern auch an Klugheit und Großzügigkeit, und dass sie durch ein wenig Nachgiebigkeit In den herrlichsten und bedeutendsten Anliegen siegreich werden könnten. Darauf führt er den Bürgern in Einzelgesprächen wie auch vor großem Publikum in aller Ausführlichkeit die Schwäche der griechischen Politik vor Augen, von der zu profitieren und ein Leben in Ruhe und Eintracht zu führen, für Bürger mit klarem Verstand besser ist, da das Schicksal als Siegespreis in ihrer Mitte gar nichts übriggelassen hat. Denn welche Hegemonie, welcher Ruhm wartet auf die Sieger? Wie wertvoll ist eine Macht, die ein kurzes Edikt eines Prokonsuls auslöscht oder einem anderen überträgt, die nicht einmal, wenn sie bestehen bliebe, irgendetwas zu geben hätte, was der Mühe wert wäre. Wie eine Feuersbrunst häufig nicht in Heiligtümern und öffentlichen Gebäuden ausbricht, sondern wie schon so manche Lampe, die in einem Privathaus übersehen wurde, oder wie ein Abfallhaufen, in dem es glimmt, ein riesiges und auch öffentliche Gebäude zerstörendes Flammenmeer entfacht hat, so entzünden einen Aufruhr im Staate nicht immer die öffentlichen Auseinandersetzungen der Politiker, sondern Zwist und Hader aus rein privaten Händeln und Zusammenstößen greifen ins öffentliche Leben über und erschüttern dann den gesamten Staat. Weil dem so ist, fällt umso mehr dem Staatsmann die Aufgabe zu, solche Streitigkeiten zu schlichten und im Voraus darauf zu achten, dass sie teils gar nicht erst entstehen, teils schnell aufhören, teils sich nicht ausweiten und in die Öffentlichkeit übergreifen, sondern auf den Kreis der Streitenden beschränkt bleiben. Er muss selber darauf aufpassen, und den anderen muss er klarmachen, dass private Streitfälle für öffentliche und geringfügige für gewaltige zur Ursache werden, falls man über sie hinwegsieht und sie im Anfangsstadium nicht heilt und nicht lindert. In Delphi zum Beispiel soll der größte Aufruhr im Staate von Krates[171] ausgegangen sein. Orsilaos, der Sohn des

ταῖς σπονδαῖς μέσου ῥαγέντος, οἰωνισάμενος καὶ καταλιπὼν τὴν νύμφην ἀπῆλθε μετὰ τοῦ πατρός· ὁ δὲ Κράτης ὀλίγον ὕστερον θύουσιν αὐτοῖς ὑποβαλὼν χρυσόν τι τῶν ἱερῶν, κατεκρήμνισε τὸν Ὀρσίλαον καὶ τὸν ἀδελφὸν ἀκρίτους, καὶ πάλιν τῶν φίλων τινὰς καὶ οἰκείων ἱκετεύοντας ἐν τῷ ἱερῷ τῆς Προναίας ἀνεῖλε· πολλῶν δὲ τοιούτων γενομένων, ἀποκτείναντες οἱ Δελφοὶ τὸν Κράτητα καὶ τοὺς συστασιάσαντας ἐκ τῶν χρημάτων ἐναγικῶν προσ-
C αγορευθέντων τοὺς κάτω ναοὺς ἀνῳκοδόμησαν. Ἐν δὲ Συρακούσαις, δυεῖν νεανίσκων συνήθων ὁ μὲν τὸν ἐρώμενον τοῦ ἑτέρου λαβὼν φυλάσσειν διέφθειρεν ἀποδημοῦντος, ὃ δ᾽ ἐκείνῳ πάλιν ὥσπερ ἀνταποδιδοὺς ὕβριν ἐμοίχευσε τὴν γυναῖκα· τῶν δὲ πρεσβυτέρων τις εἰς βουλὴν παρελθὼν ἐκέλευσεν ἀμφοτέρους ἐλαύνειν, πρὶν ἀπολαῦσαι καὶ ἀναπλησθῆναι τὴν πόλιν ἀπ᾽ αὐτῶν τῆς ἔχθρας · οὐ μὴν ἔπεισεν, ἀλλ᾽ ἐκ τούτου στασιάσαντες ἐπὶ συμφοραῖς μεγάλαις τὴν ἀρίστην πολιτείαν ἀνέτρεψαν. Ἔχεις δὲ δήπου καὶ αὐτὸς οἰκεῖα παραδείγματα, τὴν Παρδαλᾶ πρὸς Τυρρηνὸν ἔχθραν, ὡς ὀλίγον ἐδέησεν ἀνελεῖν τὰς
D Σάρδεις, ἐξ αἰτιῶν μικρῶν καὶ ἰδίων εἰς ἀπόστασιν καὶ πόλεμον ἐμβαλοῦσα. Διὸ χρὴ μὴ καταφρονεῖν τὸν πολιτικὸν ὥσπερ ἐν σώματι προσκρουμάτων διαδρομὰς ὀξείας ἐχόντων, ἀλλ᾽ ἐπιλαμβάνεσθαι καὶ πιέζειν καὶ βοηθεῖν· προσοχῇ γὰρ, ὥς φησιν ὁ Κάτων, καὶ τὸ μέγα γίνεται μικρὸν καὶ τὸ μικρὸν εἰς τὸ μηθὲν ἄγεται. Μηχανὴ δ᾽ ἐπὶ ταῦτα πειθοῦς οὐκ ἔστι μείζων ἢ τὸ παρέχειν ἑαυτὸν ἐν ταῖς ἰδίαις διαφοραῖς ἥμερον διαλλακτήν, ἀμήνιτον, ἐπὶ τῶν πρώτων αἰτιῶν μένοντα, καὶ μηδενὶ προστιθέντα φιλονεικίαν μηδ᾽ ὀργὴν μηδ᾽ ἄλλο πάθος ἐμποιοῦν τραχύτητα καὶ πικρίαν τοῖς ἀναγκαίοις ἀμφισβητήμασι. Τῶν
E

Phamis, war eben dabei, dessen Tochter zu heiraten, da fasste er es als schlechtes Vorzeichen auf, als ein Mischkrug während des Trankopfers von selbst zerbarst, ließ die Braut stehen und ging mit seinem Vater davon. Kurze Zeit darauf unterschob ihnen Krates, während sie opferten, heimlich ein goldenes Gefäß aus dem Heiligtum und ließ Orsilaos und seinen Bruder ohne Gerichtsurteil in den Abgrund stürzen. Danach ließ er noch etliche ihrer Freunde und Verwandten töten, die im Tempel der Athena Pronaia göttlichen Schutz suchten. Nach vielen ähnlichen Taten ließen die Delphier Krates und alle, die mit ihm den Aufruhr entfacht hatten, töten und bestritten mit deren für verflucht erklärtem Vermögen den Wiederaufbau der Unteren Tempel. In Syrakus[172] hatte von zwei jungen Freunden der eine den Geliebten des anderen in seine Obhut aufgenommen, aber, als der Freund auf Reisen war, verführt. Dieser aber beging als Rache für die Beleidigung Ehebruch mit der Frau des Freundes. Einer der Ratsherren ging vor den Rat der Stadt und beantragte, die beiden zu verbannen, bevor die Stadt unter der von ihnen ausgehenden Verfeindung leide und ganz davon erfüllt werde. Er konnte jedoch nicht überzeugen, und so schürten sie weiterhin ihren Zwist und verursachten schließlich, nachdem viel Unheilvolles geschehen war, den Umsturz des bestgeordneten Staates. Auch du selber hast doch wohl in deiner Heimat ein Beispiel, den Hass des Pardalas[173], der sich gegen den Tyrrhenos richtete. Wie wenig hat gefehlt, und dieser Hass hätte Sardes zerstört, nachdem er es aus nichtigen privaten Gründen in Abtrünnigkeit und Krieg getrieben hatte. Daher darf der Staatsmann nicht über feindliche Zusammenstöße hinwegsehen, die sich ja wie am Körper rasch nach allen Seiten ausbreiten, vielmehr muss er eingreifen, sie unterdrücken und Abhilfe schaffen. Denn mit Wachsamkeit, sagt Cato, wird Großes klein gemacht und lässt sich Kleines zu einem Nichts vermindern. Als hierfür taugliches Mittel der Überredung gibt es nichts Wirksameres, als dass man sich persönlich bei privaten Streitigkeiten als friedlichen Vermittler darbietet, als einen nicht erzürnbaren und als einen, der sich beharrlich der anfänglichen Streitgründe annimmt und keinem Kontrahenten Ehrgeiz, Zorn oder eine sonstige

μὲν γὰρ ἐν ταῖς παλαίστραις διαμαχομένων ἐπισφαίροις περιδέουσι τὰς χεῖρας, ὅπως εἰς ἀνήκεστον ἡ ἅμιλλα μηθὲν ἐκπίπτῃ, μαλακὴν ἔχουσα τὴν πληγὴν καὶ ἄλυπον· ἐν δὲ ταῖς κρίσεσι καὶ ταῖς δίκαις πρὸς τοὺς πολίτας ἄμεινόν ἐστι καθαραῖς καὶ ψιλαῖς ταῖς αἰτίαις χρώμενον ἀγωνίζεσθαι, καὶ μὴ καθάπερ βέλη τὰ πράγματα χαράσσοντα καὶ φαρμάσσοντα ταῖς βλασφημίαις καὶ ταῖς κακοηθείαις καὶ ταῖς ἀπειλαῖς, ἀνήκεστα καὶ μεγάλα καὶ δημόσια ποιεῖν. Ὁ γὰρ οὕτω προσφερόμενος τοῖς καθ' αὑτὸν ὑπηκόους ἕξει καὶ τοὺς ἄλλους · αἱ δὲ περὶ τὰ δημόσια φιλοτιμίαι, τῶν ἰδίων ὑφαιρουμένων ἀπεχθειῶν, εὐτελεῖς γίνονται καὶ δυσχερὲς οὐδὲν οὐδ' ἀνήκεστον ἐπιφέρουσιν.

Leidenschaft einflößt, die den unvermeidlichen Streitgesprächen die Schroffheit und die Bitterkeit hinzufügen. Den Kämpfern in den Palästren pflegt man mit Bändern die Fäuste zu umwickeln, damit der Wettkampf in nichts Unheilbares ausarten kann, weil er dann nur gedämpfte und unschädliche Hiebe ermöglicht. Wenn gegen Mitbürger Urteile gefällt und Prozesse geführt werden, ist es ebenfalls besser, zum Schlagabtausch lautere Begründungen ohne allen Zusatz zu verwenden und die Streitgründe nicht, als ob es Geschosse wären, durch Spötteleien, Bosheiten und Drohungen zu schärfen und zu vergiften und sie dadurch unheilbar, groß und zu einem öffentlichen Problem werden zu lassen. Wer mit den Menschen seines Umfelds in dieser Weise umgeht, der wird auch die anderen entgegenkommend finden; wenn man also aus den mit Ehrgeiz geführten politischen Kämpfen die privaten Gehässigkeiten herausnimmt, dann lassen sie sich ohne großen Aufwand führen und fügen einem auch keinen unliebsamen oder gar unheilbaren Schaden zu.

ANMERKUNGEN

1. Stratokles und Dromokleides

Athenische Redner und Demagogen, beide verrufen wegen würdeloser Schmeichelei, Stratokles insbesondere wegen seiner dreisten possenhaften Auftritte (vgl. Kap. 3 / 799 F).
Sie schmeichelten z.B. Demetrios Poliorketes, dem makedonischen König, bei seiner Eroberung Athens (im J. 307 v. Chr.) als „dem rettenden Gott". Vgl. Plut. Demetrios 11,12,13,26,34. Dieser Diadoche ließ sich übrigens gerne als einzigen wahren „König" feiern- neben lauter subalternen „Präfekten" und „Kommandanten", wie er die anderen Diadochen bezeichnen ließ, vgl. Anm. 166 zu Kap. 31.

2. C. Sempronius Gracchus

Gaius Gracchus (153 – 121) scheiterte ebenso wie 12 Jahre zuvor sein Bruder Tiberius (162 – 133) bei dem verfassungsgeschichtlich bedeutsamen Versuch, in Rom endlich notwendige Reformen gegen den Senat durchzusetzen. Zwar war Gaius noch vom Bruder in die Kommission für die Ackerverteilung eingesetzt worden, es dauerte aber 10 Jahre, bis er sich zwecks Fortsetzung des agrarischen Reformwerkes ebenfalls zum Volkstribun wählen ließ und dann noch energischer und mit heftigerem Temperament (vgl. Plut. Tib. Gracchus 2,5) vorging als sein Bruder. Auch gegen ihn griffen Senatoren und der Konsul zu den Waffen: war Tiberius zusammen mit 300 Anhängern von seinen Gegnern auf dem Kapitol erschlagen worden, so ließ Gaius sich, auf dem Aventin verschanzt, in aussichtsloser Lage von seinem Sklaven töten, und danach wurden 3000 seiner Anhänger ermordet. – Ein geplanter Rückzug ins Privatleben ist nirgends bezeugt.

3. Kleon

Ein Politiker Athens z.Zt. des Peloponnesischen Krieges (431 –

404). Geschickter Demagoge, Gegner von Perikles und Nikias und ein kurzsichtiger Kriegstreiber. Durch den Historiker Thukydides wurde er zum Urbild des „Demagogen". Gelegentlich nahmen die Athener seine tollen Einfälle nicht ganz ernst, vgl. Plut. Nikias 7,7.

4. Alkibiades

Hochbegabter athen. Politiker und Feldherr aus hochadligem Hause (ca.450 – 404). Obwohl in Perikles' Haus und im Umgang mit Sokrates herangewachsen, entwickelte er ein gewissenloses Machtstreben und trieb Athen zum Bruch des Nikiasfriedens und in das Abenteuer der Sizilischen Expedition. Er wird zum Verräter an Athen wie auch an Sparta, vgl. Plut. Alk.

5. Hanno

Aristoteles und Iustinus berichten von einem karthagischen Politiker dieses Namens, der nach der Herrschaft über Karthago gestrebt habe. – Löwen als Symbol herrscherlicher Ambitionen erwähnt Plutarch auch in seiner Vita des Marcus Antonius 9,8.

6. Philippos

König von Makedonien (359 – 336), einigte nach seinem Sieg über Athen und Theben bei Chaironeia (338) die griechischen Staaten unter seiner Führung. Aus der Ehe mit Olympias, einer Königstochter von Epeiros, ging Alexander der Große (356 – 323) hervor.

7. Epameinondas

Thebens größter Feldherr. Gemeinsam mit dem Freund und Feldherrn Pelopidas beendete er Spartas Hegemonie über Griechenland mit dem Sieg von Leuktra (371 v.Chr.). Hier geht es um eine seiner vier Expeditionen in die Peloponnes zur Absicherung der thebanischen Hegemonie, bei der er sein Kommando eigen-

mächtig um vier Monate verlängerte, was ihm in Theben einen Prozess einbrachte. Die letzte Expedition endete mit der Schlacht von Mantineia (362), die er zwar gewann, aber mit dem Tode bezahlte, wodurch Thebens Hegemonie wieder zusammenbrach.

8. Themistokles

Athen. Staatsmann (524 – 459). Er machte Athen nach der Schlacht von Marathon (490) durch beschleunigten Ausbau der Flotte zur größten griechischen Seemacht und führte in der von ihm vorausgesehenen Auseinandersetzung mit Persien die Griechenstädte zum Sieg in der Seeschlacht von Salamis (480). Zur Stelle: gewisse Anekdoten über Ausschweifungen des jugendlichen Themistokles verwirft Plutarch als pures Geschwätz in seiner Vita des Themistokles; Miltiades war der glänzende Sieger von Marathon.

9. Perikles

Athens größter Staatsmann (ca. 500 – 429). Seit dem Jahr 450 Anführer der demokratischen Partei. Leitete Athens Politik durch glänzende Rednergabe und kluge Projekte, ohne ein anderes als das an sich unwichtige Amt eines Strategos zu bekleiden. Unter ihm erreichte Athen seine höchste wirtschaftliche, politische und kulturelle Blüte im sogenannten „Perikleischen Zeitalter". Zu Beginn des Peloponnesischen Krieges (431 – 404) erlag er der in Athen ausgebrochenen Pest, wodurch Athen seiner überlegten und besonnenen Führung beraubt und in diesem entscheidenden Konflikt mit Sparta geschwächt wurde, vgl. Plut. Perikles.

10. Kimon

Sohn von Miltiades, dem Sieger von Marathon, lebte von ca. 510 bis 449 v. Chr. Nach der Schlacht von Salamis erfocht er den entscheidenden Sieg über Flotte und Landheer der Perser am Eurymedon (468). Wegen seiner Rechtlichkeit, Leutseligkeit und

Spendabilität war der reiche konservative Politiker in Athen beliebt – Plutarch gilt er sogar als Vorbild großzügiger Freigebigkeit. – Zur Stelle: über seine jugendliche Neigung zum Trinken berichtet Plutarch, Kimon 4,4.

11. Scipio

Publius Cornelius Scipio Africanus Maior, der Hannibal-Bezwinger (ca.235 – 183). Er erlebte die römischen Niederlagen am Ticinus und bei Cannae, bekämpfte die Karthager in Spanien unter dem Kommando seines Vaters und erhielt, als dieser im Kampf gefallen war, das spanische Oberkommando – entgegen allem römischen Herkommen – er war erst 24 Jahre alt und damit eigentlich selbst für die unterste Ämterstufe, die Quästur, sieben Jahre zu jung.

12. Pompeius

Gnaeus Pompeius Magnus (106 – 48), als Feldherr sehr fähig und erfolgreich, war als Politiker glücklos und ungeschickt. Er kämpfte im Auftrag Sullas, ohne ein Amt zu bekleiden, erfolgreich gegen die Marianer, worauf ihn Sulla und das Heer als „Magnus" begrüßten, ein Beiname, den er durch Erfolge im Seeräuberkrieg und in der Befriedung der Provinz Asia bestätigte. Nach zeitweiliger Entzweiung mit den Optimaten und Zusammengehen mit Caesar (1.Triumvirat i.J. 60) kämpfte er als Anführer der Optimaten im Bürgerkrieg gegen Caesar, unterlag und wurde auf der Flucht in Ägypten ermordet. – Zur Stelle: sich mit nur einem Finger auf dem Kopf zu kratzen galt als Zeichen übertriebener Eitelkeit und Verweichlichung, vgl. Plut. Pomp.

13. M. Livius Drusus

Er war 91 v. Chr. Volkstribun und nahm die Gracchischen Gesetze zugunsten des Volkes wieder auf. Onkel des bekannten Caesargegners Cato Uticensis.

14. Agyrrhios, Mantias, Kephalos

Politiker im Athen des 4. Jhd., die bei den Komödienschreibern schlecht wegkommen, da z.B. Agyrrhios eine Minderung ihres Honorars durchgesetzt und eine Besoldung für den Besuch der Volksversammlung eingeführt hatte.

15. Carbo

Es handelt sich entweder um den Konsul von 120 v.Chr., C. Papirius C., einen Freund des Tib. Gracchus (nach Ciceros Urteil ein „ehrlicher Aufrührer") oder um Cn.Papirius C., den Konsul der Jahre 85, 84 und 82 v. Chr.

16. Mann [Demosthenes]

Hier zeigt - von den Phillologen allerdings angezweifelt - der griechische Text die Lesart „Demosthenes". Gemeint ist dabei jedenfalls nicht der bekannte Redner.

17. Ephoren

Die fünf jährlich neu von der Volksversammlung erwählten obersten Beamten Spartas, den zwei spartanischen Königen und den 28 Geronten übergeordnet. Sie besaßen ein fast unbeschränktes Strafrecht.

18. Kalliope

Die Muse der Elegie, Poesie und Rhetorik („die mit der schönen Stimme").

19. Iphikrates:

Athen. Feldherr des 4. Jhd., der offenbar auch rednerischen Ehrgeiz hatte, wie unten (S.68) erzählt wird.

20. Aristophon

Er klagte Iphikrates nach einer verlorenen Seeschlacht wegen angeblichen Verrats an, verlor den Prozess jedoch.

21. Alkamenes

Bildhauer und Erzgießer, Zeitgenosse des Phidias (2. H. 5.Jhd.).

22. Nesiotes

Bildhauer in der 1. Hälfte d. 5. Jhd.

23. Iktinos

Erbauer des Parthenons (zusammen mit Kallikrates), des Telesterions von Eleusis und des Apollontempels von Phigaleia.

24. Ephialtes

In Athen nach Themistokles Anführer der Demokratenpartei und Freund des Perikles; beschränkte i. J. 462 v. Chr. die Befugnisse des Areiopags, eines Bollwerks der Oligarchenmacht.

25. Thukydides

Athen. Politiker, Repräsentant der oligarchischen Demokratiegegner und seit 450 v. Chr. scharfer Gegner von Perikles. Nach 433 und seiner Rückkehr aus 10jähriger Verbannung (Scherbengericht) vermutlich der Urheber der Prozesse gegen die Periklesfreunde. Nicht zu verwechseln mit dem Historiker Thukydides.

26. Archidamos

König in Sparta (468 – 427).

27. Nikias

Athen. Politiker der konservativen Partei und Gegner des Kriegstreibers Kleon. Er vermittelte im Peloponnesischen Krieg den „Nikiasfrieden" mit Sparta (421 – 415). Zur Stelle: es gelang ihm nicht, die Athener von dem Abenteuer der Sizilischen Expedition, dem von Alkibiades betriebenen Feldzug, abzuhalten. Er musste ihn wider seinen Willen mit anführen und nach der Abberufung des Alkibiades die Last des Oberkommandos tragen, wobei er, der ein Nierenleiden hatte und übervorsichtig war, sich auf den robusten, draufgängerischen Mitstrategen Lamachos stützen konnte. Er wurde nach dem Scheitern der Expedition von den Feinden hingerichtet (413), vgl. Plut. Nikias.

28. Pytheas, Demosthenes

Pytheas (2.H. 4.Jhd.) war ein attischer Redner und Rivale des größten attischen Redners Demosthenes (384 – 322), dessen Reden sorgfältig vorbereitet und ausgearbeitet waren und, wie es hieß, „nach der Öllampe rochen". Demosthenes erkannte früh im Makedonenkönig Philippos II den Feind der griechischen Freiheit (der Stadtstaaten) und wurde bis zu seinem Tode nicht müde, die Athener gegen dessen Machenschaften und die seiner Parteigänger in Athen, unter ihnen besonders gegen Aischines, zu mobilisieren („Philippische Reden"). Im Bündnis mit Theben führte er Athen schließlich in die Entscheidungsschlacht von Chaironeia (338). Nach Philipps Sieg fand er in Athen im Redner Demades einen scharfen Gegner, der zur Makedonenpartei umschwenkte und schließlich gegen den unbeirrt antimakedonischen Demosthenes die Verurteilung zum Tode durchsetzte. Aus Athen entflohen, konnte er den Schergen des Makedonenkönigs Antipatros nur durch Selbstmord entgehen.

29. Demades

Gewandter Redner und gewichtiger Politiker im Athen des 4. Jhd.

(ca. 380 – 319). Nach der Schlacht von Chaironeia wechselte er auf die Seite der Gegner des Demosthenes und war Führer der promakedonischen Partei. Dank dieser Politik schonte Alexander der Große Athen, als dieses zwar verdeckt an Thebens Aufstand gegen ihn teilgenommen, ihn aber nach Thebens Niederwerfung beglückwünscht hatte – Theben büßte mit völliger Stadtzerstörung und Versklavung der Bevölkerung (335). Zur Stelle: Demades, ein rednerisches Naturtalent, war jederzeit fähig zu improvisieren und prägnante Formulierungen zu erfinden; die vorliegende ist wohl auf Athens Situation nach Chaironeia gemünzt.

30. Archilochos

Jamben- und Elegiendichter von der Insel Paros (ca.650 v.Chr.). Er erwähnt hier andere als die üblichen „Tantalusqualen" Hunger und Durst.

31. Perikles

Perikles fordert hier die Entmachtung der Insel Aigina als der Handelsrivalin des Piraeus. Sie wurde i.J.458 v.Chr. von Athen besiegt und zum Eintritt in den Seebund gezwungen. Zu Perikles: s. o. Kap. 4 / 800 B.

32. Phokion

Fähiger athen. General und unbestechlicher Politiker (402 – 318), ein Schüler von Platon. Er führte für Athen viele erfolgreiche Feldzüge und war nach Athens Kapitulation vor Antipatros von Makedonien zusammen mit Demades sein leitender Staatsmann und konnte vielfach Milderungen harter makedonischer Forderungen an Athen erreichen. Als er aber die makedonische Besatzung im Munichia-Hafen Athens hinnehmen musste, brachte das die antimakedonischen Bürger gegen ihn auf. Als angeblicher Verräter musste er den Giftbecher nehmen, vgl. Plut. Phokion.

33. Leosthenes

Politiker und Feldherr Athens, der gegen den Widerstand des Phokion und Hypereides Athen in den griechischen Befreiungskampf nach Alexanders Tod (323 v. Chr.) hineinriss. Ihm gelang zwar die Einschließung von Alexanders Statthalter Antipatros in Lamia, in Mittelgriechenland, er fiel aber noch während der Belagerung, und Antipatros konnte am Ende (322) doch noch die Griechen besiegen, u. a auch Athen zur Kapitulation zwingen und seine eigene Dynastie begründen.

34. Ephoros, Theopompos, Anaximenes

Historiker des 4.Jhd., deren nicht erhaltene Werke als stark vom rhetorischen Stil geprägt galten.

35. Cicero, Cato Maior

Einschlägige Beispiele finden sich bei Plut. Cicero 5,6, 27,1 und Cato 7 – 9.

36. Euxitheos

Eine völlig unbekannte Person.

37. „Schwein belehrt Minerva"

Sprichwörtlich für: „Ein Dummer will den Klugen belehren".

38. Xenainetos

Ein athen. Archont (401/400 v. Chr.), über den sonst nichts bekannt ist.

39. Demokrates von Aphidna

Promakedonischer Politiker Athens, besonders in Gegnerschaft zu Hypereides.

40. Polyeuktos von Sphettos

Antimakedonischer Redner und Unterstützer von Demosthenes. Auch die alte Stoa und der Peripatos vertraten, wohl entgegen der Rhetorik des Isokrates, die Auffassung, der Redestil habe einfach und direkt zu sein.

41. Theophrastos von Eresos (auf Lesbos)

Bedeutendster Schüler des Aristoteles und sein Nachfolger als Leiter der Peripatetischen Schule (372 – 287), dessen Werke bis auf zwei Bücher zur Botanik und die kleine Schrift „Ethische Charaktere" verloren sind. Über seine Forschungen auf allen Gebieten, vor allem auf dem der Naturkunde, aber auch zu Rhetorik und Philosophiegeschichte erfahren wir indirekt manches aus anderen Quellen, z. B. aus den Schriften der Stoiker.

42. Leon von Byzanz

Er führte in Byzantion, der mit Athen verbündeten Stadt am Hellespont, den erfolgreichen Widerstand gegen die Belagerung durch Philippos von Makedonien (340 v. Chr.) an, tatkräftig unterstützt vom athen. Strategos Phokion (s.o.Anm. 34); beide waren übrigens Schüler Platons. - Für seine Schlagfertigkeit war Leon berühmt.

43. Pytheas

Athen. Redner und Politiker des 4. Jhd., anfänglich bei der antimakedonischen, später bei der promakedonischen Partei. Die erwähnte Ehrung Alexanders wurde 324 v. Chr. dekretiert.

44. kykloborisch

Kykloboros hieß ein Wildbach, der vom Berg Parnes bei Athen herabfloss bzw. im Winter laut herabrauschte – der Vers ist auf Kleons Rhetorik gemünzt.

45. Ladas

Berühmter Stadionläufer aus Aigion, Olympionike von 280 v. Chr.

46. Aratos

Er musste vor dem Tyrannen von Sikyon nach Argos fliehen, kehrte zurück, beendete die Tyrannis und gliederte Sikyon dem Achaiischen Bund an (251 v.Chr.).

47. Alkibiades

s.o.Anm. 4. Zur Stelle: er schmiedete als Gegner der Friedenspolitik des Nikias heimlich gegen Sparta ein athenisches Bündnis mit Argos, Mantineia und Elis, das aber nach dem Sieg Spartas bei Mantineia (418 v.Chr.) sofort zerbrach, vgl. Plut. Alk. 14 – 15.

48. Pompeius

s.o.Anm. 13, Kap.4. - Zur Stelle: Pompeius war bei diesem ersten (79 v.Chr.) seiner drei Triumphe erst 27 Jahre alt. Nach römischem Brauch durfte nur ein Konsul oder Prätor triumphieren, und Pompeius hatte überhaupt noch kein Amt innegehabt, vgl. Plut. Pomp. 14,1-5.

49. L. Cornelius Sulla

Römischer Feldherr und Staatsmann (138 – 78), feierte Erfolge gegen König Jugurtha in Afrika (als Quästor unter Marius) und gegen König Mithridates in Kleinasien. Als Sieger im Bürgerkrieg

gegen Marius und dessen Anhänger vernichtete er seine innenpolitischen Gegner durch grausame Proskriptionen (82 v. Chr.). Als Diktator auf unbeschränkte Zeit reformierte er die Verfassung im Sinne der Senatsherrschaft und dankte 79 v. Chr. freiwillig ab. Er starb im darauffolgenden Jahr; vgl. Plut. Sulla.

50. P. Cornelius Scipio Aemilianus

Adoptivsohn des ältesten Sohnes des Hannibal-Bezwingers Scipio Africanus Maior (s. o. Anm. 12). Auch sein leiblicher Vater L. Aemilius Paulus genoss Feldherrnruhm (Pydna). Scipio Aemilianus (185 – 129) wurde schon fünf Jahre vor dem legalen Amtsalter von 43 Jahren zum Konsul gewählt (147 v. Chr.). Berühmt war sein Zweikampf mit einem Keltiberer im Spanienfeldzug. Er eroberte und vernichtete Karthago (146 v. Chr.) und erhielt den Beinamen „Africanus Minor". – Als großer Freund der griechischen Kultur zog er u.a. den Historiker Polybios und den Stoiker Panaitios in seinen Freundeskreis. Seiner echten Freundschaft mit C. Laelius Sapiens setzte Cicero mit seiner Schrift „Laelius de amicitia" ein Denkmal.

51. Simmias

Athen. Politiker, der Perikles nach seiner verunglückten Expedition gegen Epidauros (430 v. Chr.) in einen Prozess verwickelte.

52. Alkmaion

Er klagte den schon ostrakisierten Themistokles zusätzlich wegen Hochverrats an, woraufhin dieser von seiner Verbannungsstätte Argos nach Kleinasien floh.

53. Publius Clodius Pulcher

Als Volkstribun und Gefolgsmann Caesars veranlasste er Ciceros Verbannung. Er terrorisierte Rom mit seinen Gladiatorenbanden

und überwarf sich auch mit Pompeius. Der Volkstribun Milo warb eine Gegen-Bande an, bei deren Überfall auf offener Straße er umkam (52 v.Chr.).

54. Menekleides

Mitstreiter des Epameinondas bei der Befreiung Thebens von den Spartanern (379 v. Chr.), später jedoch mit ihm verfeindet verdrängte er Epameinondas aus dem Amt des Boiotarchen.

55. Kleophon

In den letzten Jahren des Peloponnesischen Krieges Führer der radikalen Kriegspartei, der alle Friedensangebote zurückwies und alle zum Frieden Ratenden mit einer Kapitalklage bedrohte. Er konnte erst durch eine fingierte Anklage wegen militärischer Pflichtverletzung an weiterem verhängnisvollen Wirken gehindert werden.

56. Phormion

Ein Schüler Platons, von ihm nach Elis geschickt, um die dortige Verfassung zu reformieren.

57. Solon

Bedeutender athen. Staatsmann und Dichter (ca. 640 – 559). Er wurde 594 v. Chr. zum Schlichter im Streit zwischen Adel und Volk gewählt und schuf eine neue Verfassung. Seine Lösung des Schuldenproblems, die sogen. „Seisachtheia"- „Lastenabschüttelung" – brachte die Abschaffung der persönlichen Leibeigenschaft und Sklaverei als Folgen von Zahlungsunfähigkeit. Sein Ansehen war – anders als hier behauptet – schon sehr groß, als man ihm das Schlichteramt antrug. – Er wurde später zu den „Sieben Weisen" gezählt; vgl. Plut. Solon.

58. Aristeides

Sein Beiname war „der Gerechte" wegen seiner Unbestechlichkeit. Als junger Mann war er Mitarbeiter des Kleisthenes bei der demokratischen Staatsreform, die dieser nach dem Sturz der Tyrannen in Athen durchführte. Einer der Strategen in der Schlacht von Marathon, danach innenpolitischer Rivale des Themistokles, der ihn durch Ostrakismos verbannen ließ. Nach Amnestie heimgekehrt, kämpft er in Salamis mit. Nach der Verbannung des Themistokles ist er auf Seiten der Konservativen führender athenischer Politiker und erschafft gemeinsam mit Kimon den Delisch – Attischen Seebund zum Schutz gegen Persien.

59. Lucullus

L. Licinius Lucullus (117 – 56) wurde von Sulla gefördert, den er auf vielen Feldzügen als Quästor begleitete. Als Konsul (74 v.Chr.) mit der Bekämpfung des Mithridates von Pontos beauftragt gelangen ihm viele Siege, aber keine Beendigung des Krieges; er verlor das Kommando an Pompeius, da er sich durch die Einrichtung einer geordneten Finanzverwaltung in Pontos und Kleinasien mit der Ritterschaft Roms verfeindet hatte. Er zog sich danach in ein genießerisches Privatleben zurück. - Lucullus, nach Crassus reichster Mann Roms, war griechisch gebildet und besaß viele Villen, Gärten, Bibliotheken, Kunstsammlungen und Obstgärten (Einführung der Kirsche aus Kerasos am Pontos).

60. Cato, Maximus

M. Porcius Cato Maior (Censorius, 234 – 149), Feldherr, Staatsmann, Redner und Schriftsteller, dem wir die älteste lateinische Prosaschrift (De agri cultura) verdanken. Diente bei der Einnahme von Tarent (209 v. Chr.) im Heer des Q. Fabius Maximus (Cunctator), der sein Freund und Vorbild in seinem nach altrömischer Sitte geführten Leben wurde; vgl. Plut. Cato 2,3; 3,4.

61. Pammenes

Freund des Epameinondas (s.o. Anm. 7, Kap. 3) und nach dessen Tod Hauptfeldherr der Thebaner.

62. Agesilaos, Lysandros

Der spartanische Feldherr Lysandros (Lysander), der durch den Seesieg von Aigospotamoi (405 v.Chr.) den Peloponnesischen Krieg beendet und eine spartafreundliche Ordnung in den griechischen Städten durchgesetzt hatte, konnte seine Vormachtstellung in Sparta nicht behaupten. Er verhalf daher Agesilaos zur Thronfolge (399 v. Chr.) und dazu, dass ihm ein Feldzug in Kleinasien aufgetragen wurde. Auf diesem Feldzug genoss Lysander, obwohl nur Begleiter und Ratgeber von Agesilaos, durch seinen Ruhm überall größere Beachtung als Agesilaos. Dieser stellte ihn daraufhin kurzerhand kalt. Weitere Zusammenstöße der beiden ehrgeizigen Männer verhinderte wohl nur Lysanders Tod. - Übrigens war Lysander vor Alexander dem Großen der erste Grieche, dem schon zu Lebzeiten – nach Aigospotamoi - göttliche Ehren dekretiert wurden.

63. L. Afranius, Pompeius

Afranius war niederer Herkunft, zeichnete sich aber im Militärdienst unter Pompeius aus und wurde i.J. 60 v.Chr. durch ihn Konsul. Im Bürgerkrieg auf Seiten des Pompeius kämpfend fand er in der Schlacht von Thapsus (46 v. Chr.) den Tod.

64. C. Marius

C. Marius (156 – 86), aus einem Rittergeschlecht als homo novus i. J.107 v.Chr. zum Konsul gewählt, beendete siegreich den Krieg mit König Iugurtha von Numidien. Zur Abwehr der Germanengefahr wählte ihn das Volk fünfmal hinter einander zum Konsul. Er reformierte das Heerwesen und besiegte die Cimbern und Teu-

tonen. Der Streit mit Sulla um den Oberbefehl im Krieg gegen Mithridates v. Pontos weitete sich zum Bürgerkrieg aus, in dem er unterlag.

65. L. Cornelius Sulla

Sulla focht erfolgreich unter Marius' Führung gegen Iugurtha und gegen die Cimbern, deren Besiegung er selbstherrlich sich zuschrieb. Siehe auch Anm. 49, Kap.10.

66. Q. Lutatius Catulus

Unterfeldherr des Marius in der Cimbern-Schlacht bei Vercellae, beanspruchte den Sieg für sich, überwarf sich mit Marius und kämpfte im Bürgerkrieg auf Sullas Seite.

67. Q. Caecilius Metellus

Metellus, ein hochmütiger Adliger, war in Afrika zunächst Vorgesetzter des Marius und wurde zu seinem Todfeind, nachdem er den Oberbefehl an Marius hatte abgeben müssen. Sulla gewann ihn als Mitstreiter gegen Marius, indem er seine Nichte Caecilia Metella heiratete.

68. Simonides von Keos

Berühmter vielseitiger Lyriker (ca.556 – 468), Verfasser von Chorlyrik, Elegien, Skolien, Epigrammen (wie das auf die Thermopylenkämpfer: Wanderer, kommst du…)

69. Pindar

Größter griechischer Chorlyriker (518 – 446). Verfasste u.a. feierliche Preislieder auf Sieger der Wettkämpfe in Olympia, Nemea, Delphi und am Isthmos.

70. Phoibidas

Mitten im Frieden (382 v.Chr.) hatte dieser spartanische Kommandant Thebens Zitadelle „Kadmeia" im Handstreich genommen und besetzt, was die Thebaner zum Widerstand reizte und sie schließlich zum Sieg über Sparta (bei Leuktra) führte. Nach Plutarchs Vermutung (im Agesilaos 24,1) war Agesilaos nicht nur der Verteidiger des Handstreichs, sondern auch der Inspirator.

71. Sphodrias

Dieser spartanische Statthalter von Thespiai bei Theben wollte mit einem Überraschungsangriff den Piräus erobern, was kläglich scheiterte. Agesilaos bewahrte ihn vor einer Verurteilung, und zwar aus Liebe zu Archidamos, dem Sohn des Sphodrias; vgl. Plut. Agesilaos 24, 25, 26.

72. Harpalos-Prozess

Harpalos war ein Jugendfreund Alexanders des Großen, für den er ab 330 v.Chr. in Babylon das Finanz-und Nachschubwesen organisierte: er veruntreut Gelder und flieht bei Alexanders Rückkehr i.J.324 mit 30 Schiffen und 6000 Söldnern nach Athen. Als Alexander dort seine Auslieferung fordert, wird er in Haft genommen, kann ihr jedoch durch Bestechung athenischer Politiker entkommen und wird kurz darauf in Kreta ermordet. In Athen kommt es zu einem Prozess um den Verbleib der veruntreuten Gelder und um die bestochenen Politiker und Beamten.

73. Timoleon

Ein vornehmer Korinther (410 – 336), der aus Tyrannenhass die Ermordung seines eigenen Bruders billigte. Dieser Timoleon befreite später als korinthischer Stratege Syrakus von dem Tyrannen Dionysios II. und schickte ihn ins Exil nach Korinth. Dank seiner Führung drängte ein Bündnis der sizilischen Griechenstädte die

Karthager nach Westsizilien zurück. Syrakus erhielt die Führungsrolle im neugeordneten Sizilien und selber eine gute neue Verfassung. Erblindet trat der hochverdiente und hochverehrte Stratege von seinem Amt zurück und starb bald darauf. Vgl. Plut. Timoleon.

74. Leuktra

Eine Ebene in Boiotien, wo der thebanische Feldherr Epameinondas einen spektakulären Sieg über die bis dahin stets unbesiegbaren Spartaner erfocht (371 v.Chr.), sie aus Mittelgriechenland vertrieb und für ein knappes Jahrzehnt in Griechenland eine thebanische Hegemonie errichtete.

75. Q. Lutatius Catulus

Diesem Zensor (65 v.Chr.) trat der um 26 Jahre jüngere befreundete Quästor Cato Minor schroff entgegen: er ließ sich nicht davon abhalten, einen seiner untergebenen Beamten, obwohl dieser ein Schützling des Catulus war, wegen liederlicher Amtsführung vor Gericht zu bringen; vgl.Plut. Cato Minor 16,5 – 10.

76. M. Porcius Cato Minor (Uticensis)

Dieser Urenkel des Cato Censorius, auch Cato Minor genannt, ist zum einen bekannt durch sein starres Festhalten an stoischen Lehren und altrömischen Sitten, zum anderen als ein verbissener Verfechter optimatischer Politik und als unversöhnlicher Gegner Caesars; er betrieb die Betrauung des Pompeius mit dem Oberkommando im Bürgerkrieg. Nach der verlorenen Schlacht bei Thapsus (bei Tunis) entzog er sich Caesars Zugriff im nahe gelegenen Utica durch Selbstmord und wurde so als „Cato Uticensis" für die Nachwelt zur Idealgestalt des echten Republikaners (95-46 v. Chr.).

77. Xenophon

Athen. Adliger (430 – 354), Schüler des Sokrates. Er zog im Gefolge eines griechischen Söldnerführers im Feldzug (401 – 399) des persischen Prinzen Kyros gegen den Perserkönig Artaxerxes mit. Ohne ein Führeramt zu haben ergriff er nach der Schlacht von Kunaxa die Initiative und führte die führerlos gewordenen 10 000 griechischen Söldner nach Thrakien zurück. Er hinterließ außer der Beschreibung dieses Feldzugs, der „Kyrou Anabasis", auch die „Erinnerungen an Sokrates", die „Griechische Zeitgeschichte" sowie weitere kleine Schriften.

78. Kretinas, Hermeias

Diese Episode und diese Personen werden sonst nirgends erwähnt, vermutlich ist es ein Geschehen aus dem ersten Mithridatischen Krieg (88 – 86).

79. Aristion

Philosoph und Tyrann von Athen (88 – 86), der sich auf die Unterschichten stützte. Im Mithridatischen Krieg zwang er die Stadt, gegen Sulla hartnäckigen Widerstand zu leisten. Athen erlitt bei und nach der Eroberung durch Sullas Truppen riesige Schäden, Plünderungen, Entweihungen (z.B. die Abholzung des Akademie-Gartens) und furchtbare Verluste an Menschenleben.

80. Nabis

Letzter König von Sparta, regierte tyrannisch von 207 bis 192 v.Chr. Auf Grund sozialer Reformen von den Unterschichten gestützt, wollte er für Sparta auch wieder eine Vormachtstellung gewinnen. Seine Reformen gingen mit Verbannungen, Tötungen und Enteignungen vieler Spartiaten einher, was ihm den Ruf eines Wüterichs einbrachte. Nach wiederholten Konflikten mit der römischen Vormacht fiel er einem Mordanschlag zum Opfer. Sein

Tod bedeutete für Sparta das absolute Ende der Selbständigkeit.

81. L. Sergius Catilina

Catilina (108 – 62) gilt in der römischen Geschichtsschreibung als gewissenloser Abenteurer, der unter sozialpolitischen Vorwänden plante, den Staat für eigennützige und destruktive Zwecke umzustürzen. Er fand unter den verschuldeten Adligen viele Anhänger für sein Programm einer Schuldentilgung. Zum Auftakt des Staatsstreichs sollten die Konsuln ermordet und die Stadt in Brand gesteckt werden, was der Konsul Cicero (63 v.Chr.) aufzudecken und zu verhindern wusste. Vgl. Sallust, Coniuratio Catilinae.

82. Nero, Thraseas

Plutarch spielt auf einen Zwist zwischen Cossutianus Capito und Thraseas Paetus an, zwei Senatoren unter Kaiser Nero. Cossutianus Capito war vom Senat wegen Erpressung verurteilt worden, und Thraseas Paetus hatte diese Anklage unterstützt (56 n. Chr.). Als Cossutianus Capito, der ein Schwiegersohn des berüchtigten Nero-Günstlings Tigellinus war, Jahre später begnadigt wurde, betrieb er mit Erfolg die Verurteilung des Thraseas Paetus wegen Majestätsbeleidigung. Dieser beging mit stoischem Gleichmut Selbstmord; vgl. Tac. Ann.14,48,2.

83. Scipio, Appius

Scipio Africanus Minor und Appius Claudius Pulcher bewarben sich im Jahr 142 v.Chr. beide um das Zensorenamt. Der unterlegene Appius beschwört hier die Erinnerung an den leiblichen Vater Scipios, den für seine Redlichkeit und Uneigennützigkeit berühmten Sieger über den Makedonenkönig Perseus, L. Aemilius Paullus (Macedonicus). Zu Scipio vgl. Anm. 50, Kap.10.

84. Demades , Hypereides

Demades: s. Anm. 29, Kap.6.
Hypereides: ein athen. Redner (390 – 322 v.Chr.), war u.a. berühmt durch seine erfolgreiche Verteidigung der schönen Hetäre Phryne. Wie Demosthenes war er makedonenfeindlich und fand durch den Diadochen Antipatros ein grausames Ende.

85. Lykurgos

Er soll im 9.Jhd. v. Chr. Sparta wegen Sittenverfalls die bekannte strenge Verfassung gegeben haben.

86. Pittakos

Zeitgenosse Solons, zählt wie dieser zu den „Sieben Weisen".

87. Kallistratos von Aphidnai

Athen. Politiker mit ähnlich großem Einfluss auf den Aufbau des Zweiten Attischen Seebundes (seit 378 v.Chr.) wie Aristeides 100 Jahre zuvor auf den des Ersten Attischen Seebundes.

88. Ödipus

Der als Kind vom eigenen Vater ausgesetzte thebanische Königssohn wird als junger Mann unwissend zum Vatermörder und Ehegemahl der eigenen Mutter. Nach der Enthüllung der Wahrheit und der Selbstblendung geht er in die selbstverhängte Verbannung und findet erst kurz vor seinem Tode eine Stadt, die ihn aufnimmt: Athen.

89. Orest

Aus Rache für die Ermordung seines Vaters Agamemnon wird der Königssohn Orest zum Mörder an seiner Mutter Klytaimestra. Von

den Erinyen, den Rachegöttinnen, gehetzt findet der Muttermörder schließlich durch den Urteilsspruch des Areiopags in Athen Erlösung und Zuflucht.

90. Antalkidas

Spartanischer Feldherr, der den sogen. „Antalkidas-Frieden" oder „Königsfrieden" (387 v.Chr.) mit dem Perserkönig schloss: Frieden gegen griechischen Verzicht auf Kleinasien. Zur Stelle: Sparta und Lakonien, in das die Athener nie einzudringen vermochten, durchfloss der Eurotas, das von Sparta öfter besetzte Attika der Fluss Kephissos.

91. L. Licinius Crassus

Größter Redner seiner Zeit (140 – 91) und Lehrer Ciceros. Er durchlief erfolgreich die ganze Ämterlaufbahn. Offenbar zum bloßen Vergnügen und nicht wie bei anderen reichen Römern als teuer bezahlte Leckerbissen hielt er in künstlichen Becken Muränen. Man verwechsle ihn nicht mit dem Triumvir M. Licinius Crassus Dives (115 – 53 v. Chr.).

92. Cn. Domitius Ahenobarbus

Er wurde i.J. 92 v. Chr. gemeinsam mit L. Licinius Crassus Zensor. Zur Stelle: Das zitierte gegenseitige Rügen der Zensoren passt zu der Nachricht aus anderer Quelle, dass eine der berühmten Reden des Crassus gegen seinen Kollegen gerichtet gewesen sei.

93. Cato

Offenbar ist Cato Maior (Censorius) gemeint: s.o. Anm. 60, Kap.11.

94. Epameinondas

s.o. Anm. 7, Kap.3. - Zur Stelle: Wann und weshalb die Thebaner ihrem hochverdienten Mitbürger diese Erniedrigung zufügten, ist unbekannt. Telearchen hatten Polizeidienste zu verrichten, z.b. die Beaufsichtigung der Stadtreinigung.

95. Antisthenes

Sokratesschüler und Begründer der kynischen Philosophie (ca. 440 – 366). Er führte, seiner Lehre entsprechend, ein Leben der Bedürfnislosigkeit. Zur Stelle: Ein freier Athener ließ üblicherweise die von ihm persönlich gekauften Waren von seinem Sklaven nach Hause tragen.

96. Kritolaos

Schulhaupt des Peripatos, der i.J. 156 / 155 v.Chr. an der berühmten Philosophen-Gesandtschaft in Rom teilnahm, die während des Wartens auf Anhörung im Senat durch philosophische Vorträge die römische Jugend nachhaltig beeindruckte.

97. Salaminia und Paralos

So hießen die beiden „Heiligen Trieren", die Athen zu besonderen Missionen aussandte, z.B. zwecks Übermittlung eiliger Nachrichten und Volksbeschlüsse sowie zur Beförderung von Festgesandtschaften.

98. Theagenes

Berühmter Athlet des 5. Jhd. v. Chr., spezialisiert auf Pankration und Faustkampf. Pausanias berichtet von 1 400 Siegeskränzen aus allen panhellenischen Spielstätten. In Olympia und an anderen Sportstätten standen seine Siegerstatuen.

99. Metiochos

Über ihn wissen wir weiter nichts.

100. P. Cornelius Scipio Africanus Maior

s.o. Anm. 11, Kap. 4. - Zur Stelle: Er genoss gerne und oft das Leben auf dem Landgut, um sich, wie Cicero in „De officiis" (III 1,2) sagt, von der Politik zu erholen.

101. Timesias von Klazomenai

Der Historiker Herodot erwähnt ihn (I, 168) als den „Ersten Gründer" Abderas, der Tochterstadt der Klazomenier in Thrakien (7. Jhd. V.Chr.).

102. Heiliger Anker

Einer der an Bord befindlichen Anker hieß der „heilige", weil er als letztes Mittel in Reserve gehalten wurde. Er ist sprichwörtlich geworden im Sinne von „letztes Heilmittel".

103. Menippos

Dieser Mann ist unbekannt.

104. Ephialtes

s.o. Anm. 24, Kap.5. - Zur Stelle: Er war keineswegs nur „Werkzeug" des Perikles; gemeinsam verhalfen sie der demokratischen Idee in Athen zum Sieg.

105. Charinos

Der Volksbeschluss versperrte den Bürgern von Megara die Märkte Attikas – einer der Anlässe für den Ausbruch des Peloponne-

sischen Krieges; Megara gehörte zum Peloponnesischen Bund.

106. Lampon

Er war an der Gründung von Thurioi in Unteritalien beteiligt (444/443 v.Chr.). Nach der Idee des Perikles sollte es eine gesamtgriechische Kolonie unter Athens Führung sein. Die auch städtebaulich neuartige Stadt hatte bis in römische Zeit Bestand.

107. Kleon

s.o. Anm. 3, Kap.3. - Zur Stelle: Er fiel in seinem verunglückten Feldzug gegen die Spartaner bei Amphipolis (422 v.Chr.).

108. Philopoimen

Ein Feldherr des Achaiischen Bundes (253 – 183). Er besiegte mehrfach Sparta zu Lande, zur See erlitt er eine Niederlage gegen Nabis, den Tyrannen von Sparta (s.o. Anm. 80, Kap. 14). Vgl. Plut. Philopoimen.

109. Hannibal

Livius erzählt von dem großen Feldherrn der Karthager, er habe von sich bekannt, die Regeln der Kriegskunst nach 36 Jahren Kriegsdienst vollkommen zu beherrschen, nicht aber die Gesetze und Gebräuche zu kennen, nach denen sich die Karthager in ihren Volksversammlungen richteten.

110. Kimon

s.o. Anm. 10, Kap.4. - Zur Stelle: Dem Demokratenführer Perikles stand als bedeutender oligarchiefreundlicher Politiker Kimon (ca. 510 – 449), der Sohn des Marathonsiegers Miltiades, gegenüber; nach Salamis führte Kimon mit Aristeides einige Jahre die Politik Athens. Auch unter der Vorherrschaft der Demokraten

erfocht er als Stratege für Athen viele große Siege. Nach Heimkehr aus einer Verbannung (wegen Spartafreundlichkeit) wurde er auch wieder für eine wichtige militärische Expedition nach Zypern eingesetzt. - Historisch zweifelhaft ist Plutarchs Deutung einer bewussten gegenseitigen Zuteilung der Kompetenzen zwischen Perikles und Kimon.

111. Eubulos

Athenischer Finanzfachmann (ca.405 – 330) und Realpolitiker, der v.a. den inneren und äußeren Frieden im Auge hatte. Das gelang durch außenpolitische Zurückhaltung und führte zu einer bedeutenden Einnahmensteigerung. – Anaphlystos ist ein attischer Bezirk.

112. Iphikrates

Berühmter athen. Söldnerführer (ca.352 v.Chr.). Aristoteles zitiert öfters seine Reden. Der Historiker Dionysios von Halikarnass beurteilte seinen Redestil als „vulgär und kasernenhaft".

113. Demos von Chios

Eine sonst nirgends erwähnte Person.

114. Bienenkönigin

Im griechischen Text steht wie in vielen anderen antiken Texten „Bienen-König", nicht „Bienenkönigin" - wohl deswegen, weil die exakte Bezeichnung der untergeordneten Rolle der Frauen in der Politik nicht entspräche und die folgenden Ausführungen anachronistisch wirken würden.

115. Sardes

Aus Sardes im kleinasiatischen Lydien stammt Menemachos,

der Adressat der vorliegenden Abhandlung Plutarchs. Sardes war einst (ca.547 v.Chr.) die Hauptstadt des reichen und mächtigen lydischen Königs Kroisos.

116. Kränze

Seit klassischer Zeit sind Kränze Zeichen höchster sakraler oder magistraler Würde.

117. Senatorenschuhe

Plutarch benutzt den durch seine rote Farbe und durch Riemenschnürung auffälligen „calceus senatorius" als Symbol für die zivile und militärische Macht der römischen Provinzstatthalter, die ja dem Senatorenstande angehörten.

118. Pardalas

Der Initiator eines ernsthaften bewaffneten Aufstandes in Sardes (2. Hälfte d.1.Jhd. n. Chr.), den die Römer gnadenlos niederschlugen.

119. Pholegandros, Sikinos

Kleine trockene Kykladeninseln, ideale Verbannungsorte.

120. Amnestie

Nach Athens Fall (404 v. Chr.) setzten die Spartaner antidemokratisch gesinnte Athener aus adligen und besitzenden Kreisen als Regierung ein, die wegen ihres z.T. blutigen Terrors auch „Die 30 Tyrannen" genannt wurden. Nachdem demokratische Exilanten von Theben her Athen zurückerobert hatten, setzten diese die demokratische Verfassung wieder in Kraft und verfügten eine Amnestie für alle oligarchischen Gegner, außer für die offenkundigen Gewalttäter unter ihnen (403 v. Chr.).

121. Phrynichos

Ein Schüler des Thespis, vielleicht im Jahr der ersten Tragödienaufführung geboren (534 v.Chr.). Er begeisterte mit den Liedern für die Waffentänzer in einer seiner Tragödien die Athener so sehr, dass sie ihn zum Feldherrn wählten. Mit seinem Stück „Eroberung von Milet" brachte er das ganze Theater zum Weinen. Deswegen und weil er sie an ihre politische Ohnmacht erinnert hatte, bestraften die Athener ihn mit einem Bußgeld von 1000 Drachmen. Die Athener hatten ja die Milesier, ihre jonischen Landsleute, gegen die Perser zwar unterstützt, aber mit zu geringen Streitkräften. – Vermutlich wurde die „schuldige" Tragödie auch nicht wie üblich im Staatsarchiv aufbewahrt, so dass wir deswegen kein einziges Zitat daraus kennen. Ferner war seit diesem Vorkommnis fast immer nur der ferne Mythos Gegenstand der Tragödien.

122. Kassandros

Theben, das nach dem Tod Philipps II. das makedonische Joch abschütteln wollte, war von Alexander dem Großen dem Erdboden gleichgemacht und seine Überlebenden in die Sklaverei verkauft worden. Kassandros, der es i.J. 316 v. Chr. wieder gründete, war der Sohn von Alexanders Reichsverweser Antipatros, der nach Alexanders Tod seine eigene Dynastie gründete.

123. Argos

Nach der Schlacht von Leuktra (371 v. Chr.) wurde vor allem auch auf der Peloponnes die spartanische von der thebanischen Hegemonie abgelöst, und in den peloponnesischen Städten kamen plötzlich die unterdrückten demokratischen Bewegungen mit nie zuvor gekannten Gewaltausbrüchen an die Macht: so erschlugen in Argos von Demagogen aufgehetzte Bürger mit Knüppeln ihre reichen Mitbürger (370 v.Chr.). – Zur Stelle: Das Herumtragen eines Opfertieres um das versammelte Volk mit dem anschließenden Sühneopfer soll die Abscheu und die öffentliche Distanzie-

rung von den Untaten der demokratischen Partei in Argos zum Ausdruck bringen.

124. Marathon, Eurymedon, Plataiai

Diese Namen erinnern an die glänzendsten Siege der Griechen über die Perser.

125. Polybios, Panaitios, Scipio

Polybios von Megalopolis (ca. 200 – 118) verfasste eine wertvolle Geschichte Roms in 40 Bänden, wovon uns fünf erhalten sind. – Panaitios von Rhodos war ein bedeutender stoischer Philosoph (ca. 185 – 109); in Rom hat seine Pflichtenlehre tiefe Wirkungen erzielt. – Beide Gelehrten gehörten zum Kreis um die römischen Freunde griechischer Kultur: Scipio Aemilianus und Laelius. Der mit Scipio in enger Freundschaft verbundene Polybios vermochte nach einem misslungenen Aufstand der Achaier gegen Rom Milderungen der römischen Strafmaßnahmen zu erreichen, wofür ihm achaiische Städte Ehrenstatuen errichteten. Panaitios war Begleiter Scipios u.a. auf einer Asia-Gesandtschaftsreise. Was er dabei für seine Landsleute in Rhodos bewirken konnte, ist unbekannt.

126. Areios Didymos von Alexandria

Stoischer Philosoph und Freund des Maecenas, Lehrer und Vertrauter von Augustus, sozusagen sein Hofphilosoph. Die Anekdote bezieht sich auf das Jahr 30 v. Chr., als Augustus, damals noch C. Caesar Octavianus genannt, nach dem Sieg über Antonius und Kleopatra Alexandreia einnahm. Vgl. Plut. Antonius.

127. Pergamon, Nero

Die Pergamenier hatten sich mit Gewalt dagegen gewehrt, dass ihrer Stadt Statuen und Gemälde weggenommen wurden, die

Nero für Roms Wiederaufbau nach der Brandkatastrophe (64 n. Chr.) von ihnen verlangte. Vgl. Tac. Ann. 16,23; 15,45.

128. Rhodos, Domitian

Vermutlich meint Plutarch die Unruhen, die auf Rhodos aus Empörung über den Entzug der Freiheitsrechte schon unter Vespasian ausgebrochen waren und unter Domitian ihr Ende fanden: Unter Augustus war Griechenland zur senatorischen Provinz „Achaia" geworden, Nero hatte dieser die „Freiheit" und Steuerfreiheit geschenkt, und Vespasian hatte das auf Grund von Unruhen annulliert.

129. Boulis und Sperchis

Nach Herodot (VII 134ff.) hatte Sparta die Forderung des Perserkönigs Darius, sich ihm zu unterwerfen, mit der frevelhaften Ermordung der persischen Gesandten beantwortet. Diese beiden Spartaner boten, so Herodot, um Sparta zu entsühnen, dem Nachfolger Xerxes in Susa das Opfer ihres eigenen Lebens an. Der lehnte allerdings ab, um sich nicht ebenfalls mit Frevel und Schuld zu beladen.

130. Sthenno, Pompeius

Diese Strafaktion des Pompeius in Sizilien geschah im Rahmen von Sullas Bürgerkrieg gegen die Marianer. (83/82 v. Chr.). Der Anlass: die sizilische Stadt – Plutarch nennt hier Messina und die Mamertiner, Cicero (In Verrem) dagegen nennt Himera – und ihr Anführer waren zu Marius abgefallen. Vgl. Plut. Pompeius 10,11-12.

131. Praeneste, Sulla

Die Anekdote bezieht sich auf die Zeit der grausamen Racheaktionen Sullas nach seinem Sieg im Bürgerkrieg (82 v. Chr.). Städ-

te wie Praeneste (heute Palestrina) wurden geplündert und die Einwohner erschlagen; Tausende anderer Bürger wurden proskribiert. Praeneste traf es mit 12 000 erschlagenen Einwohnern besonders hart, weil es den Sohn des Marius aufgenommen hatte.

132. Scipio, Mummius

Beide Männer waren im Zensorenamt Kollegen. L. Mummius Achaicus hatte Achaia besiegt und Korinth zerstört (146 v. Chr.) und errichtete dafür als Dank einen Herkulestempel. Scipios Herkulestempel war wohl der Erinnerung an den Sieg von Pydna (168 v. Chr.) geweiht, den sein leiblicher Vater, L. Aemilius Paullus, über den Makedonenkönig Perseus errungen hatte.

133. Python, Kotys

Die Brüder Python und Herakleides von Ainos (Thrakien) ermordeten i. J. 359 v. Chr. aus Rache für ihren Vater den Thrakerkönig Kotys I. Sie flohen nach Athen und erhielten dort als Tyrannenmörder Bürgerrecht und einen goldenen Kranz. Beide waren Platon-Schüler.

134. Theopompos

Spartanischer König des 8. Jhd. v. Chr., der zugunsten des Volkes einen Teil seiner Macht aufgab, um diese dadurch stärker, weil dauerhafter zu machen; vgl. Plut. Lykurg 7,1.

135. Theodoros, Polos

Zwei berühmte Schauspieler des 4. Jhd. v. Chr. „Protagonisten" d.h. „Erste Schauspieler" genossen oft ungeheuren Ruhm und waren weit über den zweiten und dritten Schauspieler herausgehoben.

136. Diomedes

Homer lässt Diomedes den Tadel des zum Kampf antreibenden Agamemnon ehrfürchtig ertragen, weil er weiß, dass zwar Ruhm im Falle des Sieges, aber auch Kummer im Falle der Niederlage den Befehlshaber treffen wird, der also den Ruf eines Siegers oder den eines Verlierers bekommen wird.

137. Demosthenes

Demosthenes meint: ich habe mich zurückzuhalten, wenn der, den ich angreifen möchte, keine Privatperson ist, sondern eine Amtsperson, ein Würdenträger (ein Kranzträger).

138. Jason von Pherai

Tyrann in Pherai (380 – 370) brachte ganz Thessalien in seine Gewalt, um die Hegemonie in Griechenland zu erreichen, erlag aber einem Attentat. Er wurde wegen seiner listigen Politik mit Themistokles verglichen.

139. Demetrios von Phaleron

Philosoph (Hörer des Aristoteles, Schüler des Theophrastos) und Staatsmann, regierte mit Geschick und Rechtlichkeit Athen von 317 bis 307 v. Chr. als Vertrauensmann und Statthalter des Dynasten Kassandros von Makedonien. Er entlastete Athens Mittelstand von der aufwändigen Choregie: diese Kosten für die jährlichen Theateraufführungen übernahm der Staat. Wichtigster Berater von Ptolemaios I. bei der Einrichtung der Forschungsstätte Museion in Alexandreia.

140. Festtag der Weinkrüge bzw. Choenfest

Haupttag eines dreitägigen dionysischen Frühlingsfestes, an dem Dionysos auf einem Schiffskarren Einzug in Athen hielt und an-

schließend ein allgemeines Wetttrinken des von der Stadt gestifteten Weines stattfand. Der Sieger erhielt einen mit Wein gefüllten Schlauch.

141. Pelopidas, Epameinondas

s.o. Anm.7, Kap.3. – Zur Stelle: Zwar ist nach Plutarch Epameinondas auch für geistige Studien aufgeschlossen, nirgend aber tritt er seinem Freund Pelopidas mit Beredsamkeit hilfreich zur Seite. Pelopidas selber zeigte sich als Gesandter vor dem persischen Hof in Susa (367 v.Chr.) allen anderen Rednern überlegen (Plut. Pelopidas 30,5). Vgl. Xen. Hell.7,1,34-36.

142. Kallikratidas

Spartanischer Admiral, der gegen Ende des Peloponnesischen Krieges Lysanders Nachfolger wurde und bei den Arginusen gegen Athens Flotte Schlacht und Leben verlor (406 v.Chr.). Nach Plutarch (Lysandros , 5-6) war er zwar hoch befähigt, in seinem Wesen und Umgang aber hart, ungesellig und kalt – bewundert wie eine kalte Heroenstatue.

143. Geryones

Ein furchtbar starker, oberhalb der Hüfte dreileibiger Riese mit sechs Armen, der auf einer Insel bei Gades (heute Cadiz bei Gibraltar) hauste. Herakles raubte ihm die Rinder und tötete ihn. Zur Erinnerung an diese Tat errichtete er die „Säulen des Herakles".
– Zur Stelle: Ein Politiker braucht sogar solche mythischen Kraftnaturen nicht zu beneiden, denn er kann ja viele Personen, die von einem gemeinsamen Wollen durchdrungen sind, zusammenführen und dadurch ebensolche Kräfte entfalten.

144. Herakles, Argonauten

Nachdem die Argonauten auf ihrer Fahrt zum Goldenen Vlies ih-

ren stärksten Mann, Herakles, in Mysien verloren hatten, war ihr Anführer Iason in Kolchis auf die magischen Künste der Königstochter Medea angewiesen, um das goldene Vlies zu gewinnen. Vgl. Apoll. Rhod. IV 145 ff.

145. Der Trompeter

Ein Werk des Erzbildners Epigonos von Pergamon (3.Jhd. v.Chr.). Nicht erhalten.

146. Der Speerträger (Doryphoros)

Diese hochberühmte Bronzestatue, die Polykletos von Sikyon im 5. Jhd. v.Chr. schuf, ist nur in Marmorkopien erhalten.

147. Die Syrten

Schiffe, die von Libyen nach Griechenland fuhren, mussten zunächst die Syrten, d.h. die wegen unberechenbarer Strömungen und wandernder Sandbänke sehr gefürchteten Buchten von Gabes und Bengasi durchfahren, bevor sie in den verhältnismäßig gefahrlosen Kanal von Kythera gelangten.

148. Epimenides

Ein Wundertäter und Heiler aus Kreta, dem man auch prophetische Fähigkeiten zusprach. Seine rituelle Reinigung Athens von seiner Befleckung durch die Ermordung von Schutzflehenden muss um den Beginn des 6. Jhd. stattgefunden haben. - Der Heilige Ölbaum auf der Akropolis ist dem Mythos nach der einst von Athena im Wettbewerb mit Poseidon gestiftete, mit dem sie den besagten Wettbewerb um die Schutzherrschaft über Attika für sich entschied.

149. Anaxagoras von Klazomenai

Bedeutender in Athen lebender Philosoph (ca.500 – 428) von großem Einfluss u.a. auf Perikles und Euripides. Seine Naturlehren („die Sonne – eine glühende Steinmasse") brachten ihm eine Anklage wegen Gottlosigkeit ein. Er wurde verbannt und starb in Lampsakos am Hellespont – dem Todesurteil entging er nur dank seinem Freund Perikles.

150. Mager, Perser

Ein Angehöriger der Mager, einer Gruppe des vor den Persern im Iran herrschenden Stammes der Meder, hatte sich nach dem Tod des Perserkönigs Kambyses als Kyros-Abkömmling ausgegeben und auf diese Weise sich und die Mager wieder an die Macht gebracht. Sieben verschworenen Persern aus hohem Adel, darunter der künftige große Perserkönig Dareios I., gelang es, den Usurpator zu töten. (522 v.Chr.).

151. Pittakos

Staatsmann, zeitweise Tyrann in Mytilene (Lesbos); lebte im 7.Jhd. und führte Lesbos zur Blüte. Wegen seiner Weisheitssprüche zu den Sieben Weisen gezählt. Ein ihm zugedachtes Grundstück nahm er nicht an, sondern verteilte es mit den Worten: „Gleiches haben ist mehr als mehr haben." Nach einer Neuordnung des Staates gab er seine Macht zurück und lebte noch zehn Jahre als Privatmann.

152. Horatius Cocles

Diesen muss Plutarch gemeint haben statt des in alle Handschriften eingedrungenen Namens „Poplios". Über Cocles berichtet Plutarch an anderer Stelle (Publicola 16,9) die hier erwähnte Episode: er verteidigte heldenhaft die Tiberbrücke, bis die Kameraden sie hinter ihm eingerissen hatten, und wurde dann beim ret-

tenden Sprung in den Tiber von einer Lanze am Gesäß getroffen, was ein Lahmen zur Folge gehabt habe. Als Belohnung sei ihm so viel Ackerland versprochen worden, wie er an einem Tag umpflügen könne.

153. Demades

s.o. Anm. 29, Kap. 6. Hier irrt Plutarch: in Nachttöpfe wurden nicht die Statuen von Demades, sondern von Demetrios verwandelt. Die Zahlangabe (300 Statuen) variiert von Autor zu Autor.

154. Empedokles von Akragas

Er führte von ca. 494 bis 434 v. Chr. als Arzt, Wundermann und Philosoph ein Wanderleben, das der Legende nach endete, indem er in den Ätna gesprungen sei, um eine Himmelfahrt zu fingieren. - Aus Fragmenten seiner Lehrgedichte kennen wir seine Lehre von den vier Elementen: Feuer, Luft, Wasser und Erde und den sie einenden und scheidenden Urkräften: Liebe und Hass.

155. Demokritos von Abdera

Philosoph (zwischen 470 und 370, mit 90 Jahren gestorben), der aus der von Leukippos von Abdera erdachten Atomlehre eine einheitliche Welterklärung schuf. Seine verlorenen Werke, deren Stil Cicero als dem Platons ebenbürtig lobt, umfassten nahezu alle Gebiete der Wissenschaft, auch die Ethik.

156. Der Hund des Lysimachos

Als der Diadoche Lysimachos im Kampf gegen den Diadochen Seleukos fiel, blieb sein Hund treu bei seiner Leiche und folgte seinem Herrn bis auf den Scheiterhaufen.

157. Die Rosse des Achilleus

Bei Homer macht Achilleus seinen Pferden Xanthos und Balios den Vorwurf, Patroklos nicht zu Hilfe geeilt zu sein und so seinen Tod und den Verlust der Rüstung verschuldet zu haben. Darauf weissagt der von Hera mit Menschenstimme begabte Xanthos dem Achilleus den nahen Tod, der von den Göttern und der Moira verhängt sei. Genauso sei auch Patroklos' Tod auf das Eingreifen Apollons, nicht auf ihr Versagen zurückzuführen.

158. Kassandra

Sie ist im griechischen Mythos die unglückliche Frau, der Sehergabe verliehen, über die aber der Fluch verhängt ist, mit ihren Weissagungen kein Unglück abwenden zu können, weil ihr kein Mensch Glauben schenkt. Beides verdankt sie Apollon, dessen Liebe sie abgewiesen hatte.

159. Archytas von Tarent

Pythagoreischer Philosoph und Staatsmann (4. Jhd. V.Chr.), Freund Platons. Er war berühmt wegen seiner hohen Sittlichkeit und Selbstbeherrschung und wurde siebenmal zum Strategen gewählt, obwohl nur zwei Male gesetzlich erlaubt waren.

160. Battos von Kyrene

Anführer der aus Thera kommenden ersten Kolonisten der nordafrikanischen Stadt Kyrene (631 v. Chr.). Der erste der Battiadendynastie und ein milder Herrscher. Vgl. Diodor 8,29,30.

161. Dionysios II. von Syrakus

Der Sohn des berühmten langlebigen (430 – 367) Tyrannen. Als er 10 Jahre geherrscht hatte, wurde er von Dion gestürzt, behauptete aber noch weitere 10 Jahre die Tyrannis über das unterita-

lische Lokroi. Dieses verlor er, als er i.J.347 erneut Syrakus eroberte, wo er nach drei Jahren Timoleon (s.o. Anm. 73, Kap. 13) weichen und sich gegen freies Geleit als Privatmann nach Korinth zurückziehen musste. Dort lebte er noch viele Jahre als wohlhabender Privatmann. Die schreckliche Rache der Lokrer, die seine Frau und Kinder erleiden mussten, schildern uns auch Athenaios (XII 58,541 D-E) und Strabon (VI 1,8, C 259-260).

162. Menandros

Es handelt sich wohl um den im Industal (und nicht in Baktrien, wie hier behauptet) um 150 v. Chr. herrschenden berühmtesten griechisch-indischen König, der unter dem Namen „Milinda" in buddhistischen Legenden weiterlebt. Übrigens wird auch Buddhas Asche nach der Legende unter acht Völkern aufgeteilt und in acht Stupas beigesetzt. Münzen mit dem Namen „Menandros" zeigen das „Rad Buddhas".

163. Phalaris

Er war von 570 bis 554 v. Chr. Tyrann von Akragas (heute Agrigento) und galt im Altertum als Muster des grausamen, blutrünstigen Tyrannen: er soll seine Feinde im glühenden Bauch eines ehernen Stieres zu Tode geröstet haben.

164. Kyros der Große

Er beendete die Herrschaft der Meder über den Iran und begründete das Großreich der Perser (ca. 558 – 529).

165. Hermon

Wird sonst nirgends erwähnt.

166. Demetrios Poliorketes

Nach seinem Seesieg über den Diadochen Seleukos hatte sich Demetrios zum „König" von Makedonien ausrufen lassen. Daraufhin nahmen auch die anderen Diadochen diesen Titel an. Die Höflinge schmeichelten danach dem dafür empfänglichen Demetrios als dem einzig wahren König unter lauter subalternen Kommandanten, wobei sie spöttische Anspielungen machten: bei Seleukos auf dessen Einsatz von Kriegselephanten, bei Lysimachos auf dessen Habsucht, bei Ptolemaios auf die Flotte, die Demetrios ihm bei Zypern vernichtet hatte, und bei Agathokles auf dessen recht schmalen Machtbereich in Ostsizilien und Korfu.

167. Kallias, Alkibiades, Nikeratos von Athen, Ismenias von Theben, Lichas von Sparta

Alle Genannten waren für ihren Reichtum berühmte Bürger ihrer Städte im 5. und 4. Jhd. v.Chr. Er ermöglichte ihnen, großzügige Gastmähler zu geben, nicht nur für Freunde, wie es Kallias in Platons „Gastmahl" tut, sondern auch öffentliche Bankette für ganze Teile der Bürgerschaft oder, wie Lichas in Sparta, für alle auswärtigen Gäste seiner Stadt. Die Veranstaltung von Banketten („Hestiasis"), Theateraufführungen („Choregia") und die Unterhaltung eines Gymnasions („Gymnasiarchia") gehörten im Athen des 5./4. Jhd. zu den Leistungen für das Gemeinwohl („Leiturgien"), zu denen reiche Bürger und Metoiken verpflichtet werden konnten und mit denen sie sich Glanz und Ehren einhandeln konnten.

168. Gladiatoren-Gräber

Solche Grabmonumente dienten dem Ruhm der Honoratioren, weil sie je nach Größe (und wohl auch durch Inschriften) die Zahl der in den Kämpfen getöteten und danach gemeinsam begrabenen Gladiatoren anzeigten und an den Aufwand erinnerten, den sie für die Unterhaltung des Volkes geleistet hatten.

169. Solon

s.o. Anm. 57, Kap.10. - Plutarch polemisiert hier wie in vielen anderen seiner Schriften gegen Epikur und die von ihm empfohlene Zurückhaltung von der Politik, wie sie auch sein Verehrer Lukrez z. B. eingangs des zweiten Buchs von „De rerum natura rechtfertigt und anpreist.

170. Theramenes

Athen. Staatsmann (ca. 455 – 404) berühmt als Redner, war gemäßigter Oligarch, der sich sowohl gegen demokratischen wie oligarchischen Extremismus wendete und dadurch beiden politischen Lagern als unzuverlässig und zu anpassungsfähig erschien. Der in Tragödien gebräuchliche Kothurn – ein Plateauschuh - kannte keinen Unterschied zwischen rechtem und linkem Fuß. vgl. die Redensart „Er trägt auf beiden Schultern."

171. Krates, Orsilaos, Phamis

Plutarch stützt sich hier wohl auf sonst unbekannte Nachrichten einer Lokalchronik von Delphi, wo er lange Zeit Priester des Apollontempels war. Belegt ist, dass das Hinabstürzen von den Phaidriadenfelsen die dortige Strafe für Sakrilege war.

172. Syrakus

Die Stadt erlebte Anfang des 5. Jhd. Unruhen, die zum Sturz der Aristokratie und zur Errichtung einer Alleinherrschaft durch Gelon, den Tyrannen der Nachbarstadt Gela, führte.

173. Pardalas, Tyrrhenos

s.o. Anm. 118, Kap.17. - Näheres ist über keinen der beiden bekannt.